노래하는 목사 윤항기의 여러분

내가 진실로 진실로 너희에게 이르노니 한 알의 밀이 땅에 떨어져 죽지 아니하면
한 알 그대로 있고 죽으면 많은 열매를 맺느니라 (요한복음 12:24)

노래하는
목사 윤항기의
여러분

한알의밀알

추천의 글 1

　겨울이 지나야 봄이 오듯이 누구에게나 어려운 시절이 있습니다. 어떤 이들은 그 어려움에 좌절하지만, 어떤 이들은 그것을 자양분 삼아 아름다운 꽃을 피워냅니다. 청계천 거지로 출발하여 톱스타가 되고, 죽음의 고비를 넘어 복음을 전하는 사역자가 된 윤항기 목사님의 삶은 우리에게 그런 감동을 줍니다.

　어려서 어머니와 아버지를 여읜 후 방황의 시간을 보낸 목사님은 살아 계신 하나님을 만난 후 좋은 남편과 아버지로 거듭났습니다. 연예인에서 목사로 서기까지 많은 어려움이 있었음에도 목사님은 언제나 "나는 행복합니다!"라고 간증합니다.

　2010년은 윤 목사님께 여러 가지로 의미 있는 시간입니다. 가수 데뷔 50주년이 되는 동시에 목사 성역 20주년을 맞이하는 해입니다. 가수로서는 원로이지만 목사로서는 이제 청년인 셈입니다. 뿌리 깊은 나무에 피어나는 푸른 잎 같은 목사님을 축복합니다.

　항기恒基라는 이름처럼 '한결 같은 믿음의 기초'로 살아오신 목사님께 진심으로 축하와 감사하는 마음을 전합니다. 목사님의 노래에 담긴 주님의 사랑이 듣는 이들의 상처를 치유하는 복음이 되길 바랍니다.

극동방송 이사장 김장환 목사

오랫동안 기독교 방송국을 운영하면서 기독교 문화선교가 얼마나 중요한지 새삼 깨닫게 되었습니다. 기독교 문화선교의 출발이 세상 사람들이 받아들일 수 있는 방식으로 복음을 전하고자 하는 것이라면, 윤항기 목사님은 일찍부터 그것을 준비해 오신 분입니다.

한국 최초로 음악목사를 배출하는 교육기관인 예음음악신학교를 세우신 것은 물론, 지금도 집회를 하실 때, 먼저 자신의 대표곡을 불러 믿지 않는 이들의 마음을 열고 찬송과 간증을 하시곤 합니다. 그 열정적인 모습을 뵐 때마다 큰 감동과 도전을 받습니다.

목사님의 인생 여정은 가시밭길이었지만, 목사님은 그 가시밭길에 주저앉지 않고 꽃밭을 일구셨습니다. 이번에 그 기적 같은 이야기가 한 권의 책으로 나오게 되었습니다. 목사님께 진심으로 축하와 감사를 전합니다. 목사님의 노래가 그러하듯이 이 책이 믿지 않는 이들에게는 주님을 만나는 길잡이가 되고, 신앙인들에게는 믿음을 새롭게 하는 계기가 되었으면 합니다.

CTS TV 사장 감경철

　윤항기 목사님은 일찍이 가수로 성공하셨지만 최고의 자리에서 물러나 목회의 길로 인생을 전환하여 지금까지 한길을 걸어오신 분입니다. 한국교회의 일꾼으로서 한기총과 교단에서 수고하셨을 뿐 아니라 국제기아대책 홍보이사와 대중음악문화진흥협회장을 맡아 사회적으로도 매우 의미 있는 활동을 해 오셨습니다.

　현재 윤항기 목사님은 예음교회의 담임목회자이자 예음음악신학교의 총장으로 섬기고 계십니다. 각종 집회와 방송 출연까지, 하루 24시간이 모자랄 정도로 뛰어다니십니다. 금년에는 가수 인생 50주년 기념공연도 하신다고 합니다. 그런 목사님이 이번에 당신의 인생을 한 권의 책으로 엮어 내셨습니다.

　그러나 이 책은 성공담이 아닙니다. 윤항기 목사님은 어려서 부모님을 잃고 고생한 이야기부터 아버지에 대한 아픔으로 오랫동안 방황했던 청년기와 하나님을 만나 새로운 삶을 얻기까지, 차마 말할 수 없는 상처와 회복에 대해 고백합니다. 그리고 그 어려움 속에서도 하나님으로 인해 참으로 행복하다고 모두에게 전합니다.

　요즘 많은 사람들이 살기 어렵다고 말합니다. 절망한 나머지 하나뿐인 소중한 생명을 버리는 무서운 짓을 저지르기도 합니다. 그런 분들께 윤항기 목사님의 이야기가 힘이 되었으면 좋겠습니다.

진흙탕에서 다시 일어선 한 사람의 삶이 모든 이의 희망이 되기를
바라며 기도합니다.

명성교회 당회장 김삼환 목사

차 례

추천의 글····· 4

1부 나의 눈물, 가족

chapter 01 어린 시절 ····· 13
아버지 윤부길 • 어머니 성경자 • 동생 복희 • 짧은 행복

chapter 02 유년 시절 ····· 25
깨진 행복, 전쟁 • 목숨을 건 피난길 • 전쟁터에서 자라다 • 고아 아닌 고아

chapter 03 끝없는 불행 ····· 41
마약 중독자 아버지 • 흩어진 가족 • 청계천 거지 • 어머니의 죽음 • 천덕꾸러기

chapter 04 방황하는 사춘기 ····· 63
새어머니 • 다시 마약을 시작한 아버지 • 마지막 만남 • 아버지의 죽음

2부 나의 사랑, 노래

chapter 05 뜨거운 청춘 ····· 85
새로운 출발 • 신고합니다! • 너는 꼭 예수를 믿어라 • 새로운 세계의 열쇠, '키보이스'
• 한국의 '비틀스'

chapter 06 **나의 아내, 정경신** ······ **107**
만남 • 둘만의 결혼식 • 눈물의 신혼생활 • 포화 속에 울린 찬송가
• 폐결핵에 걸려 돌아오다

chapter 07 **빛과 그림자** ······ **131**
별이 빛나는 밤에 • 영혼의 늪 • 무지개빛 • 미로에 갇혀

3부 나의 생명, 하나님

chapter 08 **돌아온 탕자** ······ **155**
복희의 사고, 그리고 하나님 • 멀리멀리 갔다가 • 탕자의 귀향 • 죽음 앞에서

chapter 09 **여러분!** ······ **177**
네가 만약 외로울 때면 • 서울 국제가요제 • 두 주인을 섬기지 말라
• 교회 음악 공부를 시작하다

chapter 10 **새로운 길** ······ **197**
무엇을 먹을까, 무엇을 입을까 • 찬양사역자로 거듭나다 • 당신을 용서합니다 • 목사 윤항기 • 아내만 살려주신다면 • 나는 행복합니다.

1부
나의 눈물, 가족

종을 울릴 때마다 내 영혼 깊은 바닥에 가라앉아 있던 응어리들이 깊고 맑은 울림 가운데 씻기는 것만 같았다. 무겁게 나를 짓누르던 어머니의 죽음도, 아버지에 대한 미움도, 복희의 눈물도 깃털처럼 가볍고 투명해져서 바람을 타고 저 하늘로 날아가 버리는 것만 같았다. 그렇게 새벽별이 반짝이고 저녁놀이 질 때마다 교회 종소리가 울리던 안골의 하늘을 바라보며 나는 누군가를 애타게 그리워하고 있었다.

어린 시절

아버지 윤부길
어머니 성경자
동생 복희
짧은 행복

노래하는 곳에

새들이 지저귀며 단잠을 깨우면
친구야 손뼉 치며 노래 부르자

먼동이 트는 곳에 사랑이 움트면
친구야 손뼉 치며 노래 부르자

노래하는 곳에 사랑이 있고
노래하는 곳에 행복이 있네

하늘은 푸르고 태양이 빛날 때
친구야 손뼉 치며 노래 부르자

새하얀 구름처럼 하늘을 날으며
친구야 손뼉 치며 노래 부르자

노래하는 곳에 사랑이 있고
노래하는 곳에 행복이 있네

아버지, 윤부길

𝄞 봄은 모든 것의 시작이다. 얼음이 녹으면 대지는 깨어나고 하늘의 색마저 달라진다. 그리고 모든 생명이 다시 태어난다. 그 놀라운 변화 가운데 얼마나 많은 신비와 경이로움이 숨어 있던가. 무심한 이들의 눈에는 그 모든 것들이 저절로 이루어진 것 같아 보이지만, 세상에 그런 생명은 없다. 목숨 있는 모든 것은 손때를 탈 만큼 보듬어 주지 않으면 살 수 없다. 어린 시절을 떠올릴 때마다 달콤한 젖내와 왠지 모를 포근함이 느껴지는 것은 아마도 그래서일 것이다.

내 인생에도 짧았지만 그런 봄과 같은 시절이 있었다. 호적에는 1943년생으로 되어 있지만 사실 나는 1942년생이다. 그때만 해도 호적에 실제 나이와 생일이 다르게 올라가는 일이 종종 있었다. 내가 태어난 1942년은 유난히 더웠다. 당시 대구의 기온이

40도까지 올랐다고 하니 만삭의 어머니가 얼마나 힘드셨을까. 여름 내내 부른 배를 안고 고생하신 어머니는 음력 7월에야 몸을 푸셨다. 오후에 시작된 산통이 저녁까지 계속되자, 아버지는 건넌방에서 가슴 졸이며 기다리셨다. 이윽고 우렁찬 아기 울음소리가 들리는가 싶더니 출산을 거들던 친척 아주머니께서 나오셨다.

"아이고, 축하하네, 아들일세."

그 한마디에 아버지는 입을 다물지 못했다. 엄마와 아빠의 이목구비를 예쁘게 닮은 건강한 사내아이였다. 아버지는 귀한 아들을 얻은 기념으로 친구들을 불러모아 동네가 떠들썩하도록 잔치가 벌어졌다. 그 자리에는 당시 식민지였던 조선의 내로라하는 예술가들뿐만 아니라 일본 연예인들까지 몰려왔다. 한참 태평양 전쟁이 치러지던 어려운 시절이었지만, 내가 태어난 그날만큼은 서로 어울려 축하하고 축하를 받으며 하나가 되었던 것이다. 나는 참으로 많은 축복을 받으며 세상에 태어난 행복한 아기였다.

내가 이처럼 특별한 대우를 받을 수 있었던 것은 다름 아닌 아버지 때문이었다. 아버지는 현재 서울대 음대의 전신인 경성음악전문학교 제1회 졸업생으로 성악과 작곡을 전공하고 일본 유학을 한 엘리트였을 뿐 아니라 연극에도 뛰어난 재능을 발휘하여 직접 대본을 쓰는 것은 물론, 무대와 의상을 디자인하고 연기까지 하는 만능 엔터테이너였다. 오페레타부터 악극 운동까지 주도했던 예술계의 선구자, 한국 현대 예술사에 한 획을 그은 천재 예술가, 윤부길이 바로 우리 아버지였다!

그 시절, 아버지는 스타였지만 바쁜 중에도 젖먹이인 나를 꼭

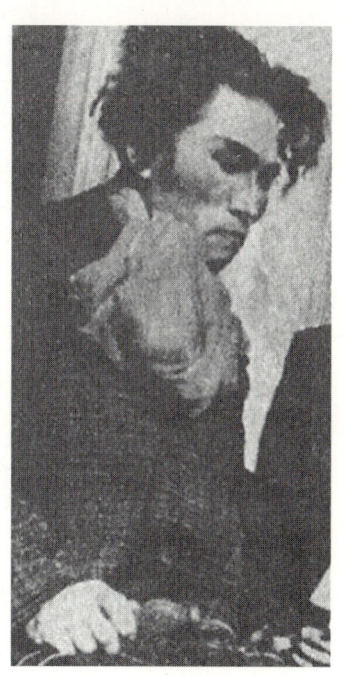
아버지 고(故) 윤부길 선생의 생전 공연 모습

데리고 다니셨다고 한다. 지금도 아버지가 차를 타고 나, 윤부길이야' 한마디만 하면 시골 버스나 기차에서 서로 모시려고 하던 것이 어렴풋이 기억난다. 그런 아버지가 어린 내 눈에는 얼마나 대단해 보였는지 모른다. 멋진 차림의 당당한 아버지와 곱게 단장한 젊은 어머니, 그 품에 안겨 잠든 아기. 아버지와 어머니의 손을 잡고 다니던 어린 시절의 추억은 내 인생의 봄날에서 가장 아름다운, 영원히 깨고 싶지 않은 꿈같은 풍경이다.

아버지를 보면서 나도 아버지 같은 사람이 되고 싶었다. 그러나 아버지는 노래는커녕 극장에 얼씬도 못하게 하셨다. 암울한 시대, 신산한 예술가의 삶을 아들에게는 물려주고 싶지 않으셨던 걸까. 심지어 아버지는 내가 친구들과 구슬치기나 딱지치기 놀이를 하는 것조차 허락하지 않으셨다.

"너는 공부를 해야 한다."

아버지는 내가 공부하기를 바라셨다. 나를 제대로 가르치지 못한 것을 늘 안타까워하신 아버지는 마지막까지 내게 "공부하라."고 당부하셨다. 돌이켜보면 아들인 내가 어떤 사람이 되었으면 좋겠다는 생각이 있어서라기보다는 막연하게 당신과는 다른 삶을 살기를 바라셨던 것 같다. 그러면서도 아버지는 자식인 나에게 주신 것이 거의 없다. 아버지와 함께했던 나의 어린 시절은 온통 결핍과 가난, 그리고 눈물로 얼룩져 있었다. 아버지가 물려주신 것이 있다면, 그것은 다름 아닌 윤부길의 아들이 아니면 가질 수 없는 예술가로서의 '끼'였다. 그 덕에 나는 가수도 되고 작곡도 할 수 있었다.

아버지의 유지나 다름없는 공부를 일찌감치 접고 가수의 길로 들어선 것을 후회한 적은 없다. 그러나 노래를 부르며 예인의 삶을 사는 내내 내게 공부하기를 당부하셨던 아버지의 말씀은 마치 유언처럼 남아 내 마음을 늘 무겁게 했다. 그 짐을 벗은 것은 아버지가 돌아가신 지 30여 년이 지난 뒤, 음악목사의 길을 가면서부터였다.

어머니, 성경자

🎵 "하나님! 우리 항기와 복희를 하나님께 바치겠습니다."

전쟁이 끝나고 청계천 거지촌에 세워진 천막교회. 날마다 그곳 가마니 바닥에 엎드려 눈물로 기도하시던 어머니. 곱던 물색은 간데없이 메마른 어깨를 들썩이며 손을 모으고 무릎을 꿇고 어린 자식들의 이름을 목놓아 부르시던 어머니. 지금도 어머니의 모습이 눈에 선하다.

어머니는 '성경자'라는 본명보다 '고향선'이라는 예명으로 더 유명한 악극계의 스타셨다. 곱게 차려입은 어머니가 환하게 웃으며 무대에서 춤사위를 펼치던 모습은 어린 내 눈에도 천상의 선녀 같았다.

천재무용가 최승희의 제자였던 어머니는 일본유학 시절 아버지를 만나 '라미라 가극단'에서 함께 활동하셨다. 당시 악극단은 최고의 예술가들이 모인 곳으로, 그 중에서도 '라미라 가극단'은 우리말과 글을 쓰지 못하던 때, '아리랑'의 음계인 '라미라'를 극단 이름으로 삼을 만큼 민족 정서가 강한 곳이었다. 이처럼 재주 있는 신여성이었지만, 어머니는 우리와 아버지에게 더할 나위 없이 헌신적이셨다.

"그 뛰어난 재능을 이렇게 썩히고 있다니, 아깝지 않습니까? 아이 낳고 살림하려고 일본 유학까지 하셨습니까?"

그런 소리를 들을 때마다 어머니는 나를 더 꼭 안아주곤 하셨다. 하지만 아버지는 이런 어머니에게 모질게 하셨다. 아버지는 사소한 일로 말도 안 되는 트집을 잡아 어머니를 괴롭히더니 급기야는 어머니에게 폭력을 휘두르기까지 하셨다.

어느 날 어머니를 따라 시내 미장원에 갔다. 어머니께서 잠시 머리를 하는 동안 2층 난간에 매달려 놀고 있던 내가 그만 창밖으로 떨어지고 말았다. 아차 하는 사이에 일어난 일이었다.

"항……항기야!"

사색이 된 어머니가 맨발로 구르듯이 계단을 내려와 모퉁이를 도는 순간, 모두 입이 벌어졌다. 웬 할아버지가 나를 받아 안고 계신 것이 아닌가. 백발에 흰 수염을 길게 기르고, 흰 두루마기까지 입은 모습이 영락없는 산신령이었다고 한다. 혼비백산한 어머니가 겨우 정신을 차렸을 때는 이미 노인은 어디론가 사라진 뒤였고, 나는 다친 데 하나 없이 멀쩡했다고 한다.

"항기야, 괜찮니? 엄마가 잘못했다."

"……."

"항기야? 왜 그러니? 왜 대답을 안 해?"

다친 데는 없었지만 충격이 너무 컸는지 나는 말을 못하게 되었고, 회복된 뒤에도 오랫동안 말을 심하게 더듬었다. 그 일로 아버지는 불같이 화를 내셨다.

"당신, 애를 어떻게 보는 거야. 애가 이 지경이 되도록 도대체 뭘 하고 있었어? 멀쩡한 애를 벙어리를 만들어? 항기, 어떻게 할 거야? 책임져! 책임지란 말이야."

아버지의 폭언에 어머니는 한마디도 못하고 눈물만 뚝뚝 흘리셨다. 그럴수록 아버지의 고함소리는 높아졌고, 급기야는 손찌검

어머니 고(故) 성경자(예명:고향선) 여사

까지 하셨다. 그래도 어머니는 눈 한번 치뜨는 법 없이 그저 입술을 깨물고 울음을 삼키셨다. 그리고 다음날이면 언제 그런 일이 있었냐는 듯 밝은 얼굴로 내가 좋아하는 장난감을 사 주거나 맛있는 것을 해주며 달래주셨다. 이런 어머니의 보살핌 덕분에 나는 웃음을 잃지 않을 수 있었고, 차차 말을 찾아갔다. 하지만 어른이 돼서도 말을 더듬는 것은 여전했고, 그것은 나한테 오랫동안 씻을 수 없는 상처가 되었다.

동생, 복희

🎼 내 인생의 봄에 받은 첫 번째 선물이 어머니라면 두 번째 선물은 동생 복희였다. 복희는 해방이 되던 해 봄에 태어났다. 늘 여동생 하나 있었으면 좋겠다고 입버릇처럼 말하던 내 소원을 어머니께서 들어주신 것이다. 아버지는 나보다 더 기뻐하셨다.

"항기야, 네 동생이야. 예쁘지? 하나 뿐인 동생이니 잘 돌봐주어야 한다."

나는 강보에 싸인 아기의 작은 손가락을 만지작거리며 좋은 오빠가 되겠노라고 마음먹었다.

동생 윤복희의 어린 시절

그러나 복희는 태생이 엄청난 울보였다. 나는 여태껏 그렇게 우는 아이를 본 적이 없다. 어찌나 심하게 우는지 먹고 잘 때를 제외하고는 계속 울었던 것 같다. 온갖 방법을 다 써 봐도 복희의 울음을 그치게 할 방법이 없었다. 밤낮없이 울어대는 통에 어머니는 날마다 밤을 새다시피 하셨고, 아버지도 작품 활동에 방해를 받았다.

"여보, 복희 울음소리 때문에 도무지 집중을 할 수가 없잖아. 왜 애 하나 제대로 못 보는 거야?"

복희가 울어댈 때마다 아버지의 송곳 같은 말들이 어머니한테 쏟아졌고, 어머니는 아버지의 타박에 어찌할 바를 몰라 하셨다. 애써 어르면 어를수록 복희는 더 악을 쓰면서 울었다.

크면 좀 나으려니 했는데, 복희는 나이가 들어서도 걸핏하면 울었다. 게다가 얼마나 떼를 쓰는지 당해낼 수가 없었다. 어쩌다 남매간에 토닥거릴 일이라도 생기면 복희는 바닥을 데굴데굴 구르며 엉엉 울기부터 하는 데 비해 나는 당황해서 말을 더듬으며 우물쭈물하다 보니 야단을 맞는 것은 늘 내 쪽이었다. 부모님께 종아리를 맞고 나면 아무리 동생이라도 얄밉기만 했다.

그런데도 복희는 나만 따라다녔다. 그렇게 싸우면서도 도무지 떨어지지를 않았다. 복희는 여자 아이인데도 성격이 활달해서 내 친구들하고도 잘 놀았다. 놀다 뿐인가. 딱지치기나 구슬치기를 할 때마다 죄다 복희가 휩쓸어가는 통에 친구들이 복희와 놀지 않겠다고 했지만, 그때마다 복희는 떼를 써서 어떻게든 끼어 놀곤 하였다.

크면서 느낀 것이지만 복희는 아버지를 꼭 닮았다. 행동거지나 말하는 습관, 외모와 성격까지 아주 흡사하다. 어쩌면, 그래서 복희가 더 예쁘게 보이지 않았는지 모른다. 하지만 그것은 어릴 때의 철없는 감정일 뿐이다.

부모님이 모두 일찍 돌아가시고, 우리 남매 단 둘만 남게 되자, 나와 복희는 서로에게 유일한 혈육이 되었다. 일찌감치 홀로서기를 배웠지만, 그래도 늘 마음 한 구석에서는 동생 복희가 함께였다. 복희마저 없었다면 어떻게 살았을까.

어쩌다 사람들이 우리 남매에 대해 물으면, 나는 '바늘과 실' 같은 사이라고 말한다. 바늘이 없는데 실이 무슨 소용이며, 실없이 바늘을 어디에 쓰랴. 그러나 바늘과 실이 함께하면 찢어지고 해진 모든 것을 꿰맬 수 있다.

아마도 하나님은 그런 뜻에서 복희와 나를 세상에 보내신 것 같다. 그분은 우리 두 남매가 바늘과 실이 되어 서로의 상처를 기워 아름다운 노래로 엮어주기를 바라셨다. 듣는 이들의 아픔을 치유해 주고 하나님의 사랑을 전할 수 있는 그런 노래. 그렇게 복희와 나는 '하나님'의 바늘과 실이 되었다.

chapter 2

유년 시절

깨진 행복, 전쟁
목숨을 건 피난길
전쟁터에서 자라다
고아 아닌 고아

친구야 친구

친구야 친구야 내 말 좀 들어라
사랑이란 그런 것 후회를 말아라

친구야 친구야 생각을 말어라
세월이 흐르면 모든 걸 잊으리라

바람 불고 파도치는 넓은 바다에서
등댓불을 찾아가는 용기와 희망을

친구야 친구야 서러워 말어라
노래를 부르며 마음껏 웃어보자

친구야 친구 내 친구야
친구야 친구 내 친구야

깨진 행복, 전쟁

내가 태어난 서울 가회동은 예나 지금이나 별로 변한 것이 없다. 그때도 한옥이 빼곡한 골목길에 동네 아이들이 뛰어놀았고 저녁이면 밥 짓는 구수한 냄새가 가득했다. 나는 여기저기 떠돌며 자라서 딱히 고향이라고 할 만한 곳이 없지만, 온 식구가 함께 모여 살던 행복했던 시절을 생각하면 가회동이 떠오른다. 그러나 그 행복은 너무 짧았다.

언제부터인지 아버지는 술에 취해 늦게 들어오기 시작했고, 그런 날이면 여지없이 집에서 큰소리가 났다. 어머니는 아이 둘을 데리고 살림하랴, 남편 뒷바라지 하랴, 그 모든 일을 혼자 감당하면서도 불평 한 번 하는 법이 없으셨는데, 아버지는 하루가 멀다 하고 그런 어머니를 닦달하는 것도 모자라 때리기까지 하셨다. 아버지의 주사가 끝날 때까지 나와 복희는 숨도 못 쉬고 숨어 있어야 했다.

얼마 후, 우리 가족은 정든 가회동을 떠났다. 아버지가 하시는 예술 단체의 활동이 어려워져 빚을 지게 되자 집을 넘긴 것이었다. 당장 갈 데가 마땅치 않았던 우리 가족은 어머니와 가깝게 지내는 이종사촌 누님 댁으로 들어갔다. 누님 댁은 당시 부촌이었던 장충동에 있었는데 주변 경치가 좋고 마당도 넓었다.

"항기야, 복희야. 잠깐만 여기서 지내는 거다. 곧 우리 집에 다시 갈 거야."

우리 집……그때 어머니는 모르셨던 거다. 우리가 다시는 집을 갖지 못하리라는 것을. 당신이 그렇게 사랑하는 자식들이 남의 집과 초라한 여관방을 전전하다가 청계천 다리 밑에서 거지로 살게 될 거라고 꿈엔들 생각하셨을까. 이미 우리 모두에게 인간의 힘으로는 어찌할 수 없는 커다란 운명이 다가오고 있었다.

사촌 누나 집에서 초등학교에 다니고 있던 어느 날이었다. 새벽녘 엄청난 천둥소리와 함께 북한산 쪽이 시뻘겋게 불타오르고, 섬광이 번쩍거리며 하늘을 갈랐다. 놀라서 자다가 쫓아나갔더니 아버지가 입을 꽉 다물고 담배를 문 채 불타는 하늘만 뚫어지게 보고 계셨다. 전쟁이 일어난 것이다.

그로부터 며칠 뒤, 서울 거리에 탱크가 등장했다. 쇠붙이로 전신을 감싸고 큰 포를 앞세운 채 바퀴도 없는 것이 콰르릉거리며 지나가는데 그런 구경은 난생 처음인지라 아이들은 너나없이 신이 나서 탱크를 따라 다녔다. 하지만, 어른들의 표정은 어둡기 짝이 없었다. 특히 아버지는 걱정으로 아무것도 못하셨다. 전쟁이

나기 직전에 복희를 데리고 부평에 있는 경찰학교 위문 공연을 가신 어머니께서 돌아오지 않으셨기 때문이었다. 탱크를 앞세운 북한군이 이미 인천까지 내려와서 서울로 오는 차편도 다 끊어졌는데 잡히면 어찌될지 뻔한 일이었다.

"인민군이 쳐들어왔는데 경찰학교 위문공연이라니……. 항기야, 엄마와 복희가 큰일이구나. 제발 무사해야 할텐데."

아버지의 떨리는 음성을 들으면서 나는 어머니와 복희를 영영 못 보게 되나 싶어 가슴이 뛰었다. 하루가 지나고 다음날이 되어도 어머니와 복희는 돌아오지 않았다. 집이 꺼질 듯한 아버지의 한숨소리를 뒤로 하고 대문 앞에서 어머니를 기다리는데 저기 멀리서 누군가가 달려왔다. 복희와 어머니였다. 어머니는 어린 복희를 데리고 부평에서 서울까지 하루 반나절을 걸어오신 것이다.

"아버지, 어머니하고 복희 와요! 얼른 나오세요."

어느새 뛰어나온 아버지가 복희와 어머니를 부둥켜안자 덩달아 나도 엄마를 끌어안고 엉엉 울었다. 헤어질 뻔한 우리 가족은 다시 만났지만, 전쟁은 이제 막 시작되고 있었다.

목숨을 건 피난길

 우리는 전쟁이 일어난 뒤에도 한동안 서울에서 지냈다. 배급을 받으러 다니던 것과 아버지가 죄인처럼 집에 숨어 지내셨던 것이 기억난다. 어려서 잘은 모르지만, 해방 이후부터 한국전쟁 전까지 예술을 하는 이들도 좌우로 나뉘어 갈등이 심각했다고 한다. 아버지는 소위 우파 연극 그룹의 선봉장이셨기 때문에 인민군 치하의 서울에서는 위험하기 짝이 없었다. 결국 우리 가족은 서울을 떠나 피난을 가기로 했다.

아버지는 짐을 지고 어머니는 우리를 데리고 남쪽을 향해 떠났다. 우리 뿐 아니라 엄청나게 많은 사람들이 서울을 떠나고 있었다. 철길을 따라 이어진 피난 행렬은 느리고 조심스럽게 움직이고 있었다. 그러다 한 번씩 상공에 전투기라도 뜨면 사람들은 철길 아래로 뛰어들다시피 몸을 숨겼고 총알은 그들의 엎드린 등 위로 빗발쳤다. 전투기의 무차별 폭격이 지나가고 나면 여기저기서 사람들이 쓰러졌다. 시체를 끌어안고 울부짖는 사람들을 보며 나는 어머니의 손을 더 꼭 잡았다. 어머니도 떨고 계셨다.

우리 가족에겐 제트기만큼 무서운 것이 또 있었다. 그것은 피난길에서도 종종 이루어졌던 인민재판이었다. 전쟁 중 수많은 사람들이 반동이라는 이유로 무참하게 처형당하는 모습을 보면서 우리는 공포에 떨어야 했다.

아버지는 전국 방방곡곡에 이름과 얼굴을 모르는 사람이 없을 정도로 유명인이셨기 때문에 누가 알아보기라도 하면 끝장이었다. 최대한 행색을 초라하게 꾸미고 고개를 숙이며 조심했지만, 천안 길에 접어들자마자 인민군 초소에서 검문을 당하고 말았다.

"거기, 동무! 잠깐 이리 와 보시오."

아버지를 부르는 인민군의 소리에 우리 가족은 일순간에 얼어붙고 말았다.

"아무래도 수상하니 본부로 갑시다."

아버지는 애써 두려운 기색을 감추고 인민군을 따라가시면서 우리에게 여기서 기다리라고 말씀하셨다. 우리는 모두 사색이 된 채 아버지가 끌려가는 것을 멍하니 보고 있을 수밖에 없었다. 옆에 서 있던 어머니가 풀썩 주저앉으시며 목을 놓아 우시자, 복희도 덩달아 울기 시작했다. 함께 길을 가던 사람들은 애써 우리를 외면하며 지나쳤다. 아무도 우리를 도와주지 않았다.

'우리 아버지, 살려주세요. 하나님, 제발 우리 아버지 좀 살려주세요.'

그때 나는 마음속으로 생전 모르는 하나님을 처음으로 찾으며 울었던 것 같다. 제발 누군가 좀 도와줬으면. 나는 아무것도 할 수 없지만 누군가 제발 우리 아버지를 살려주었으면. 그 간절함이 나도 모르게 그런 기도를 하게 했다. 온 가족이 길바닥에 무너져 통곡하기를 서너 시간이 지났을까. 갑자기 저쪽에서 누군가 나를 불렀다. 고개를 들어보니 아버지였다. 눈물 사이로 아버지의 환하게 웃는 얼굴이 일그러져 보였다.

"여보!"

한달음에 달려간 우리는 아버지에게 매달려 엉엉 울었고, 아

동생 윤복희와 함께

버지도 목이 메시는지 한동안 아무 말씀도 못하셨다. 나중에 들어보니 인민군에게 끌려간 곳에서 친구분을 만나셨다고 한다. 그분이 "저 사람이 반동 연극을 한 윤부길"이라고 한마디만 했으면 아버지는 그 자리에서 죽창에 찔려 돌아가셨을 것이다. 다행히 그 친구분은 모든 것을 덮고 아버지를 풀어주셨다고 한다.

그 후로도 아버지는 몇 차례 생사의 고비를 넘기셨다. 그때마다 나는 하나님을 찾았지만, 정작 그 하나님이 누구신지, 왜 우리 아버지를 살려주시는지는 깊게 생각하지 않았다. 지금 와 돌이켜 보면 그때마다 아버지의 목숨을 구해주신 것은 하나님의 은혜였고, 생명의 구원은 우리 가족에게 주신 하나의 징표였다. 하지만 우리 중 누구도 그 의미를 깨닫지 못했다.

구사일생으로 사지를 벗어난 우리 가족은 아무 열매나 주워 먹고, 설익은 고구마를 캐어 먹으며, 며칠이 걸려 겨우 큰어머니 댁이 있는 안골에 도착했다. 큰어머니는 해방 직후부터 그곳에 조그만 교회를 지은 뒤 사택에서 살고 계셨는데, 자연과 어우러진 그곳의 고요함 가운데 앉아 있노라면 나도 모르게 마음이 편안해져서 좋았다.

무엇보다 좋았던 것은 아버지가 더 이상 술을 드시지 않고 하루 종일 성경을 읽고 찬송을 부르며 지내셨다는 것이다. 인민군에게 걸리면 어쩌나 가슴이 조마조마했지만, 아버지가 부르시던 찬양은 내 평생 잊을 수가 없을 만큼 아름다웠다.

밤이면 식구들끼리 모깃불을 피워놓고 하늘의 별을 세며 도란도란 이야기하던 안골에서의 평안한 시간은 전쟁 중에도 늘 함께하시는 하나님의 손길 덕분이었지만, 그것을 깨달은 것은 그로부터 아주 오랜 세월이 지난 뒤였다.

전쟁터에서 자라다

안골에서의 평화로운 시간도 그리 길지 않았다. 우리 가족은 아버지의 본가가 있는 충남 대천으로 다시 길을 나섰다. 아무래도 부모님과 일가친척이 있는 곳이 더 안전할 거라는 생각 때문이었다. 할아버지가 그곳 주포 중학교의 교장 선생님이셨던 터라 아버지는 학교에서 음악을 가르치고 나도 다시 학교를 다닐 수 있었다. 참으로 오랜만에 맛보는 일상이었다. 어쩌면 그대로 평범하게 살았더라면 우리 가족은 나름대로 행복했을지도 모른다. 하지만 전쟁은 우리를 내버려 두지 않았다.

국군이 서울을 탈환했다는 소식을 듣자마자 아버지는 가족을 이끌고 상경하셨고, 군예대를 조직하여 활동을 시작하셨다. 군예대는 군부대 위문 공연을 주로 하는 종군 연예인 공연단으로서, 그곳에서 활동하신 분들은 황해, 백설희 선생님 같이 대한민국을 대표하는 예술가들이었다. 군예대는 공연료를 받는 대신 쌀과 부식 및 숙소를 제공받았으므로 우리는 군대와 함께 생활할 수밖에 없었다. 어른들은 한 번 공연을 나가면 며칠씩 걸리기 일쑤였으므로, 나와 복희는 다른 군예대 연예인의 자녀들과 함께 뛰어놀며 전쟁터에서 자랐다.

그러던 어느 날, 어른들이 갑자기 들이닥치시더니 다시 피난을 간다며 짐을 꾸리는 것이다.

"항기야. 중공군이 밀고 내려온다는구나. 서울도 곧 함락될 것 같다. 얼른 떠나자."

군예대는 인천에서 대기 중인 수송함을 타고 부산으로 가게 되었는데, 인천까지 가는 차편이 없어서 그 많은 식구들이 전부 걸어서 가야 했다. 어렵사리 도착한 인천은 이미 폐허 그 자체였다. 불타는 탱크의 잔해, 폭격 맞은 건물, 그리고 군데군데 널브러져 있는 시체들. 나와 복희는 그 참혹함에 놀라서 어머니한테 더 매달렸다.

군예대 가족들은 LST라는 수송선에 올라 함선의 바닥에 자리 잡았다. 1월의 혹독한 추위 때문에 담요를 두껍게 깔고도 한기가 올라와 잠을 잘 수가 없었는데, 그렇게 배에서 이틀이 지낸 뒤에야 겨우 출항을 할 수 있었다. 육지가 멀어지며 안도의 한숨을 내쉰 것도 잠시, 이제는 배가 흔들릴 때마다 멀미 때문에 죽을 지경이 되었다. 토하고 구르면서 며칠을 배에서 초주검이 되도록 앓고 나니 어느새 부산에 도착해 있었다.

당시 부산은 이루 말할 수 없을 정도로 혼란스러웠다. 전국에서 피난민들이 몰려들었으므로 물자와 모든 것이 부족하기 짝이 없었다. 군예대 역시 더 이상 국군의 지원을 받을 수 없게 되어 살 곳도, 먹을 것도 없었다. 졸지에 낙동강 오리알 신세가 되어버린 것이었다. 군예대는 일단 여관을 하나 세내어 여정을 풀고 아예 UN군 위문단으로 이름을 바꾸어 외국군을 상대로 공연을 하기 시작했다. 오늘은 영국군, 내일은 호주군……. 공연료는 물론 보급품이었다. 우리는 담배나 식료품 등을 받아다가 그것을 팔아 겨우 먹고 살았다.

그 와중에도 아버지는 나를 용두산 공원에 있는 남산 초등학교 분교에 보내셨다. 전쟁 통에 세워진 초라한 천막학교였지만 학교를 다닐 수 있다는 것만으로도 감사했다. 부모님은 노상 공연을 다니시느라 집을 비우시고, 복희마저 울고불고 떼를 쓰며 아버지를 따라다니는 바람에 나는 늘 혼자였다. 다행히 돌봐주시는 사촌 형님이 한 분 계셨으나 사정이 생겨 그분마저 떠난 뒤에는 정말 나 홀로 남겨졌다. 텅 빈 여관방에서 혼자 우두커니 앉아 있는 것도 하루 이틀, 어머니도 보고 싶고, 아버지도 보고 싶고, 복희도 너무 보고 싶어서 훌쩍이다가 밖으로 뛰쳐나가 동네 아이들하고 어울리곤 했다. 온종일 시장골목을 뛰어다니다가 밤이 되어 여관방으로 돌아오면 싸늘한 냉기만 가슴에 찼다. 그 냉기가 익숙해질 무렵 전쟁은 끝이 났다.

전쟁이 끝나면서 UN군 위문단은 해체되었고, 어머니와 아버지, 복희도 돌아왔다. 하지만 더 이상 공연을 할 수 없게 되자 우리 집은 살 길이 막막해졌다. 아버지는 우여곡절 끝에 대구에서 다시 악극단을 만드셨는데, 그것이 '샛별 악극단'이었다. 악극단 활동이 시작되면서 부모님은 다시 지방 공연을 다니기 시작하셨고, 나와 복희는 또 여관에 남겨졌다. 전쟁은 3년 만에 끝이 났지만, 달라진 것은 아무것도 없었다.

고아 아닌 고아

🎼 "항기야. 복희 잘 돌보고, 학교 열심히 다녀라."

아버지의 무거운 음성에 나는 차마 대답을 못하고 고개만 끄덕였다. 지방 공연으로 우리를 데리고 다닐 수 없게 된 부모님은 대구에 사는 지인이 운영하는 식당에 복희와 나를 맡기고 떠나셨다. 또 여관방에서 부모님 없이 지내는 것이 너무 싫었지만 어쩔 수 없었다. 복희는 어머니 치마꼬리를 잡고 바닥에 뻗어 발버둥을 치며 울어대고 있었다. 아무리 달래어도 막무가내였다. 할 수 없이 내가 복희를 억지로 떼어내어 붙잡고 어머니를 보내는데 복희가 악을 쓰며 울었다.

"엄마, 따라갈 거야. 아버지, 나도 데리고 가. 아앙!"

그렇게 부모님을 보내고 우리 둘만의 생활이 시작되었다. 나는 아버지 말씀대로 학교에 갔다가 끝나면 여관으로 돌아와서 복희를 돌보았다. 그 여관은 식당을 겸한 곳이었는데 먹을 것이라고는 콩나물죽뿐이었다. 아침, 점심, 저녁을 전부 콩나물죽만 먹다 보니 나중엔 콩나물만 보아도 울렁거릴 정도였다.

거기다 복희가 하도 울어서 그랬는지는 모르겠으나 우리 남매를 어찌나 구박하는지 어린 마음에도 참기가 어려웠다. 내 앞에서도 저렇게 괴롭히는데 내가 학교에 간 사이에 복희를 때리기라도 하면 어찌나 걱정이 되어 학교를 갈 수가 없었다. 도저히 복희를 데리고 있지 못할 것 같았다. 고민 끝에 잠시 다니러 오신 악극단 단원께 부탁해서 복희를 부모님께 보냈다. 결국 나는 또 혼자 남게 되었다.

그러던 어느 날, 그 집에 도둑이 들었는데 주인 아주머니는 나에게 도둑 누명을 씌웠다. 다짜고짜 나더러 훔쳐간 패물을 내놓으라고 닦달을 하시더니 자기 분이 풀릴 때까지 나를 두들겨 패고는 아예 내쫓아버렸다. 온몸이 쑤시고 아팠지만 그보다 억울하고 분한 마음에 눈물이 났다.

나는 차라리 고아로 살지언정 그 집에는 돌아가지 않겠다고 마음먹고, 대구역전의 고아원을 찾아갔다. 전쟁 직후라 모든 고아원이 만원이지만, 그곳은 두말없이 나를 받아주었다. 그날 저녁으로 나온 멀건 죽은 오히려 지겨운 콩나물죽보다 먹을 만 했다.

"하나님 아버지, 오늘도 일용할 양식을 주셔서 감사합니다. 우리 모두 어려울 때니까 서로 도우며 살게 해주세요. 예수님 이름으로 기도 드립니다. 아멘."

사감 선생님의 기도가 끝나자 모두 약속이나 한 듯 일제히 숟가락을 들고 죽을 먹기 시작했다. 그때 나는 그것이 기도라는 것도 모르고 속으로 '사감 선생님이 내 마음을 잘 아시는구나!' 하고 생각했다.

그러나 그곳에서의 생활 역시 길지 않았다. 나이 많고 덩치 큰 녀석들이 말을 더듬는다고 걸핏하면 놀리고 때리며 괴롭히는 통에 견딜 수가 없었던 것이다. 그 길로 나도 부모님께 가겠다며 기차를 타고 부산으로 내려와버렸다.

그때 내 나이 고작 열 살이었다. 어린 마음에 부산역에 내려 우리 아버지가 윤부길이라고 하면 당장 부모님을 찾을 수 있을 것 같았다. 천신만고 끝에 부산에 도착했지만 내 예상과 달리 아버지를 아는 사람이 없었다.

"아저씨, 우리 아버지가 윤부길인데요, 혹시 우리 아버지 어디 계신지 모르세요?"

온종일 광복동이다 국제시장이다 돌아다니며 아버지를 찾다가 밤이면 시장 좌판 밑에 기어들어가 잤다. 구걸을 하고, 주워 먹으면서, 몇 달을 그렇게 지낸 것 같다. 나중엔 내가 내 얼굴을 보아도 낯설 정도로 영락없는 거지꼴을 하고 있었다.

겨울이 될 무렵에는 운 좋게 신문 보급소를 하는 아는 아저씨를 만났다. 그 아저씨 덕에 신문팔이를 하며 춥지 않게 겨울을 날 수 있었다. 한편으로는 신문 판 돈을 밑천 삼아 찹쌀떡 장사를 하는 등 억척스럽게 살아남았다. 덕분에 이듬해 봄에 그 아저씨와 헤어지게 되었을 때도 주눅 들지 않았다. 나는 거리에 다시 나가 나 같은 처지의 아이들과 어울려 구두를 닦으며 지냈다.

그러나 아직 열 살 남짓한 아이가 부모와 헤어져 혼자 산다는 것은 여전히 어렵고 힘든 일이었다. 밤에 어디서든 몸을 누이고 잠을 청할 때면 어머니와 아버지가 그립고, 울보 복희가 보고 싶어 눈물이 났다. 신통하게도 그 나이에 고생이라 여기지 않고 모든 것을 받아들였지만, 외로운 것은 외로운 것이다. 그럴 때면 가만히 대구 고아원에서 배운 대로 혼자 기도를 했다.

"하나님 아버지, 오늘도 일용할 양식을 주셔서 감사합니다. 우리 엄마 아빠, 그리고 복희를 꼭 다시 만나게 해주세요. 예수님 이름으로 기도합니다."

기도를 하고나면 왠지 어머니도, 아버지도, 복희도 마치 함께 한자리에 누워 있는 것처럼 마음이 따뜻해져 스르르 잠이 들곤 했다. 그리고 어디선가 "너는 고아가 아니다. 너는 혼자가 아니다." 하는 소리가 들리는 것만 같았다.

chapter
3

끝없는 불행

마약 중독자 아버지
흩어진 가족
청계천 거지
어머니의 죽음
천덕꾸러기

무지개빛

고요한 새벽길 찬 이슬 맞으며
나 홀로 떠나네 안개 낀 거리를

입가에 떠우던 허탈한 내 미소
아 그러나 그럴 줄 몰랐다

지난날 그 추억 꿈 같던 그 시절
무지개빛 따라 뛰놀던 그 시절

그러나 그것은 내게서 떠나간
무지개빛 무지개빛

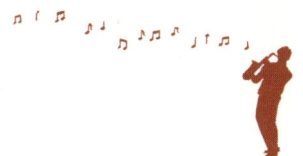

마약 중독자 아버지

부산에서 구두닦이 생활을 한 지도 몇 달이 흘렀다. 그날도 보통 때처럼 극장 앞에서 구두통을 들고 손님을 기다리는데 웬 신사 한 분이 내 앞에 서셨다. 열심히 구두를 닦고 있는데 갑자기 그분이 나를 알아보셨다.

"너……혹시 항기 아니냐?"

"네! 제가 항기인데요. 아저씨, 저 아세요?"

가만히 보니 낯이 익었다. 그분은 나에게 부모님이 만사 제쳐놓고 나를 찾아 헤매셨다는 이야기와 지금 이곳 부산에 계시다는 것을 알려주셨다.

"아저씨. 저희 아버지, 어디 계세요? 어머니, 어디 계세요?"

아저씨는 그길로 나를 바로 극장 뒤의 여관으로 데려가셨다. 그곳은 내가 구두를 닦으며 늘 다니던 곳이었다. 기가 막힐 노릇이었다. 그렇게 매일 드나들면서 부모님과 복희와 한 번도 마주치지 못했다니……이번에도 그 아저씨를 만나지 못했으면 우리는 또 엇갈렸을지도 모를 일이었다.

"윤 선생. 항기 찾았소. 얼른 나와 봐요."

아버지는 나를 보자마자 "이 자식아!"를 연발하며 등을 두드리시고 어머니와 복희도 나를 꼭 껴안으며 하염없이 울었다. 그제야 다리가 풀리면서 나도 모르게 울음이 터져 나왔다.

1년 만에 가족을 다시 만난 것이다. 그동안 겪었던 어려움들이 눈 녹듯이 녹아 눈물로 흘러내렸다. 우리는 밤이 늦도록 이야기를 하느라 잠들 줄 몰랐고, 나는 이 모든 일이 꿈을 꾸는 것 같아 어머니와 복희를 자꾸 불렀다.

어렵게 만난 우리 가족은 다시 서울로 올라왔다. 나는 계동 초등학교에 들어갔고 어머니의 보살핌 아래 짧은 시간이나마 행복했다. 아버지도 새로 구상한 작품들이 인기를 끌면서 시공관이나 수도극장에서 큰 공연을 하시곤 했다. 복희는 일찌감치 아버지와 함께 무대에 서서 나의 부러움을 샀다.

절대 자식을 무대에 세우지 않겠다는 아버지의 소신은 변함이 없었으나 문제는 복희의 고집이었다. 복희는 그 나이에도 얼마나 끼가 많고 대담했던지 무대에 세워주지 않으면 죽어 버리겠다며 손가락에 칼로 상처를 내며 대들었다. 그 모습에 기가 질린 아버지는 어쩔 수 없이 허락했고 부녀는 무대에서 호흡이 척척 맞는 환상의 커플이었다.

우리 가족은 이제 모든 고생이 끝나고 다시 행복한 시절로 돌

아버지(좌측 두 번째)와 악극단 단원들

아갈 줄로만 알았다. 그러나 그 꿈은 짧았다. 군예대 시절, 친구로부터 마약을 배운 아버지가 점점 중독의 늪에 빠져들고 있었던 것이다.

마약에 빠진 아버지는 제대로 된 작품을 쓸 수 없었고 공연을 할 수도 없었다. 그나마 돈을 버는 족족 마약을 사는 데 모두 써버리셨기 때문에 식구들은 끼니조차 잇지 못하는 지경에 이르렀다. 세간이고 살림이고 다 거덜 내고 나자 이젠 돈을 빌려 오라고 매일같이 성화를 부리셨다.

"여보, 누구누구를 찾아가서 이 윤부길이가 돈 좀 해 달라고 했다 그래. 작품 하나 하면 돈 나오니까 돈 좀 달라고 해. 그 돈으로 약 좀 구해 와. 어서 빨리!"

사람들은 모른다. 마약 중독자의 눈이 어떤지. 예전에도 아버지의 주사 때문에 고통을 받았지만, 마약에 빠져 세간을 부수고 어머니를 때리고 우리에게 고함을 질러대는 아버지의 행패에는 댈 것이 아니었다. 마약을 내놓으라며 입에 거품을 물고 광분할 때의 핏발 선 눈빛은 이미 인간의 것이 아니었다. 어머니는 그런 아버지에게 내몰려 돈을 구하러 맨발로 쫓겨나면서도 얼굴 한 번 찡그리는 법이 없으셨다. 그리고 아무리 다녀도 약을 구할 수가 없을 때면 부들부들 떨면서 집으로 돌아오시곤 했다.

윤부길이 마약에 빠져 폐인이 되었다는 소문이 돌자 사람들은 모두 떠나갔다. 친구도 친척도 모두 외면했다. 아무도 우리를 도와주지 않았다.

그때 나는 다시 하나님을 찾았다. 제발 우리 아버지가 다시 예전으로 돌아오게 해 달라고. 그리고 불쌍한 우리 엄마를 구해 달라고. 언제나 그랬듯이 이번에도 꼭 들어주실 것만 같았다. 하지만 아버지의 증세는 점점 심해졌고 우리는 완전히 알거지가 되어 거리에 나앉게 되었다.

흩어진 가족

🎼 기도의 응답이었을까. 어느 날, 학교를 다녀오니 아버지가 모처럼 제정신인 듯한 눈빛으로 방에 단정히 앉아 우리를 부르셨다. 눈도 제대로 마주치지 못하고 주춤주춤 가서 앞에 앉으니 잠시 아무 말 없이 우리를 보시더니 숨을 들이쉬고 천천히 말씀하셨다.

"항기야, 복희야. 아버지가 너희들한테 죄가 많다. 정말 미안하다."

아버지는 그길로 마약 중독을 치료하기 위해 국립 요양소에 자기 발로 들어가셨다. 그때도 마약은 불법이라 국가에서는 그들을 수용하는 시설을 두고 관리하고 있었다. 말이 요양소지, 사실은 감옥이나 다름없는 곳이었다. 그런데 그곳에 입소하는 데도 돈이 들었다. 그나마 남은 재산을 아버지 치료에 다 털어넣고 빚까지 떠안은 채 살 곳을 구해 헤맸지만 갈 곳이 없었다. 결국 어머니는 사촌 누님 댁에 복희를 맡겨놓고 내 손을 잡고 청계천으로 가셨다.

당시 청계천은 지금과 아주 달랐다. 서울의 온갖 하수가 다 몰려와 배설물이 둥둥 떠다니고 쓰레기가 가득 차서 악취가 코를 찌르는 사람이 살 수 없는 곳이었다. 원래는 거지들의 움막촌이었는데 그 무렵에는 실향민들이 떼로 몰려와 움막을 치고 살고 있었다. 갈 데가 없었던 어머니는 어린 나를 데리고 그곳에 자리 잡으신 것이다.

움막이라는 것이 별 것이 아니다. 땅바닥에 가마니를 깔고 기둥이 될 만한 것을 하나 세운 후 받침대를 두어 개 두고 천막을 치면 그것이 끝이다. 일본 유학까지 한 엘리트 여성이, 한때 우리나라를 대표했던 예술가의 아들이 청계천 거지 신세가 되다니. 이런 곳에서 도저히 못살겠다고 울어대는 나를 달래면서 어머니는 무슨 생각을 하셨을까.

그러던 어느 날이었다. 자고 나니 우리 움막 바로 앞에 천막교회가 생겼다. 주로 이북에서 피난오신 분들이 모이는 곳으로 가마니 바닥에 사과 궤짝을 엎어놓고 예배를 드리는 교회였다. 거기 모인 분들은 기도할 때마다 차마 말하지 못하는 괴로운 심정들을 눈물로 쏟아내곤 하셨다. 비록 가난하고 초라했지만 그곳에서 드려지는 예배는 꾸밈없고 절실했다. 어머니 역시 새벽마다 교회에 나가 누구보다 간절히 기도하셨다.

"하나님 아버지. 저희 항기 아버지를 불쌍히 여기시어 용서해 주십시오. 그리고 우리 항기와 복희를 지켜 주십시오. 저 어린 것들이 무슨 죄가 있습니까? 부모를 잘못 만나고 시대를 잘못 만나 너무 고생이 많습니다. 불쌍한 우리 아이들을 주님께 맡기오니 지켜주십시오."

어린 아이들을 데리고 무엇을 해서 어찌 살아야 할지 눈앞이 캄캄했던 어머니는 하나님께 매달렸다. 얼마 지나지 않아 우리 식구는 당장 먹을 것이 없어 견디기 어려운 지경이 되고 말았다. 그 무렵, 누가 우리 움막을 찾아왔다. 예전에 악극단에서 함께 활동하던 분으로 어머니와는 친자매처럼 지내는 아주머니셨는데,

우리 집이 망했다는 소문을 듣고 물어물어 찾아오신 것이었다. 그 아주머니는 우리 사는 꼴을 보시더니 말을 못 잇고 한참을 울다가 어머니께 제안을 하셨다. 여기서 아이들하고 뭘 먹고 살겠냐고, 애들 아버지 빚은 어떻게 갚고 약값은 어찌 대겠냐면서, 독하게 마음먹고 다시 악극단에 들어가 돈을 벌라는 것이었다.

어머니 역시 춤이면 춤, 노래면 노래, 연기까지 못하는 게 없는 왕년의 스타셨다. 그런데 일개 유랑극단으로 전락해 버린 악극단에서 공연을 하는 것은 예술가로서 자존심이 걸린 문제이기도 하고 아이들을 두고 떠난다는 것도 쉽지 않은 일이었지만, 선택의 여지는 없었다. 아버지의 빚과 치료비는 계속 쌓여가고, 우리는 배를 곯고 있었다. 결국 어머니는 '낭랑 악극단'과 계약을 하셨다. 그리고 선불로 받은 계약금으로 돈 문제를 해결한 뒤, 복희와 함께 지낼 여관방을 잡아주고 길을 떠나셨다.

"항기야, 복희야. 엄마가 돈 많이 벌어서 올게. 조금만 참아라. 아버지 다 나으시면 우리 가족 다시 모여 예전처럼 살자구나. 미안하다. 엄마가 너무 미안하다. 그리고 항기야. 아버지께 이거 갖다 드려라. 꼭 아버지 드려야 한다."

어머니는 신문지로 싸여진 꾸러미 하나를 남겨둔 채, 걸음마다 옷고름으로 눈물을 찍어내며 복희의 눈물 바람을 뒤로 하고 떠나셨다. 나는 우는 복희를 겨우 달래놓고 요양소에 계신 아버지께 달려가 자초지종을 말씀드린 뒤 어머니가 맡기신 것을 전해 드렸다. 아버지는 한참을 아무 말씀도 못하고 계시다가 먹먹한 표정으로 천천히 신문지를 펼치셨다.

신문지 사이에서 나온 것은……성경책이었다. 하도 읽어서 종이가 너덜거리는 성경책. 어머니의 눈물로 퉁퉁 불은 성경책. 그것을 받아들고 아버지는 그 자리에 주저앉아 통곡을 하셨다.

"나 때문에 당신이……나 때문에 당신이."

어머니는 마치 당신이 머지않아 죽으리라는 것을 예감한 사람 같았다. 그날 어머니가 아버지께 드린 마지막 선물, 당신의 손때 묻은 성경책은 결국 어머니의 유언이 되고 말았다.

청계천 거지

🎼 나와 복희가 어머니를 다시 본 것은 그로부터 몇 달 뒤였다. 우리는 마침 서울 공연을 하러 온 '낭랑 악극단'의 무대 뒤에서 겨우 어머니를 볼 수 있었다. 어머니는 마치 우리 얼굴을 잊어버릴까봐 두려운 사람처럼 나와 복희의 얼굴을 어루만지고 또 어루만지면서 눈물을 흘리셨다. 화려한 무대의상과 분장을 하고 계셨지만 그 모습이 어찌나 슬퍼 보이던지 우리도 어머니를 붙잡고 엉엉 울고 말았다.

"항기야, 복희야. 많이 야위었구나. 미안하다. 정말 미안하다. 이 못난 엄마를 용서해라."

그렇게 울고 나서 어머니는 또 공연을 하러 떠나시고 우리는 여관으로 돌아왔다. 어머니는 우리와 이야기도 변변히 못하고 다시 유랑극단을 따라 가신 것이다. 그리고 그것이 마지막이었다.

어머니가 주고 가신 얼마 안 되는 돈이 떨어지자 여관에선 나와 복희를 내쫓았다. 우리 남매는 오갈 데 없는 신세가 되어 나는 거리에서 지내고 복희는 여관에서 일을 해주는 조건으로 부엌 잠을 잤다. 그때 얼마나 고생이 심했던지 그 어린 것이 스스로 목숨을 끊으려 했다고 한다. 너무 힘들어서 이렇게 사느니 죽자고 마음먹고 식칼로 배를 찔렀는데 피가 나면서 너무 아프더란다. 그대로 고꾸라져 상처 난 배를 감싸고 한참을 울며 엄마를 찾다가 복희는 깨달았다고 한다. 죽은 뒤는 편할지 몰라도 죽기 전까지는 이렇게 아플 수밖에 없다는 것을. 그때 복희의 나이 겨우 여덟

살이었다.

　겨울이 다 되어 복희마저 그곳에서 쫓겨났지만, 다행히 아버지의 후배가 하는 쇼단에서 복희만은 받아주었다. 우리는 늦은 밤까지 명동 거리에서 추위에 떨며 쇼단의 영업이 끝나기만을 기다리다가, 공연이 끝나면 복희는 쇼단의 사무실에서 자고 나는 거리 좌판 밑에서 가마니를 덮고 잤다. 날이 더 추워진 뒤에는 깡통에 솔방울을 지펴가며 밤을 새웠다. 그때만 해도 서울의 겨울은 한강이 얼 만큼 추워서 청계천 시궁창에 동사한 시체가 아무렇게나 굴러다니는 것이나, 남산 기슭에 시체를 내다 버리는 것이 일상이었다.

　생각해 보면 기적 같은 일이었다. 아무도 돌봐주지 않는 그 겨울을 우리 남매는 얼어 죽거나 굶어 죽지 않고 살아남았다. 마실 물이 없으면 고드름을 빨고, 먹을 것이 없으면 길바닥에 떨어진 시래기 조각이라도 주워 먹었다. 그래도 배가 고프면 시커먼 깡통을 차고 구걸을 하고, 어머니가 오셔서 배불리 먹을 날을 상상하며 견뎠다.

　그런 와중에도 어쩌다 돈이 조금이라도 생기면 우리는 아버지한테 달려갔다. 마약을 끊는 사람은 금단증상 때문에 단 것이 꼭 필요했다. 지금도 기억나는 금성 캐러멜. 우리도 한 입만 먹어보는 것이 소원이었던 그것을 주머니를 털어 아버지께 사다 드리면, 아버지는 고사리 같은 손으로 벌어온 것이라고 미안해 하면서도 그렇게 흐뭇해하실 수가 없었다. 돌이켜 보면 그것이 내가 아버지께 해 드린 유일한 선물이었다.

언젠가 전후 서울의 생활을 연구한다는 교수들이 당시의 이야기를 듣겠다고 나를 찾아온 적이 있었다. 그들은 소년거지 윤항기가 겪었던 서울의 비참함에 놀라워했다. 그도 그럴 것이 그때의 명동 거리는 삶과 죽음이 갈라지는 전쟁터였다. 지금도 눈에 선하게 떠오르는 서울의 뒷골목 여기저기에서 얼어터진 손으로 쓰레기통을 뒤지며 오가는 행인들에게 한 푼만 달라고 구걸하는 배고픈 아이가 헤매고 있다. 고구마 하나라도 얻는 날이면 세상을 다 얻은 듯 동생과 한 입씩 나누어 먹으며 행복해 하는 열한 살 어린 오빠 윤항기가 있다.

다행히 나는 그렇게 거리를 헤매다가 남산 아래 있는 어느 고아원에 들어갔다. 눈보라가 무섭게 치는 겨울밤, 얼어 죽기 직전의 나를 거두어 준 그곳은 선교사님이 운영하는 고아원이었다. 그날 담요 한 장과 김이 모락모락 나는 옥수수 죽을 받아들고서 얼마나 울었는지 모른다. 그야말로 얼마 만에 맛보는 따뜻한 손길이었던가.

그곳에서 지내면서 아침마다 예배를 드리고 식사할 때마다 기도를 하면서 조금씩 하나님의 사랑을 배워갔다. 잠자리에 들기 전 아버지와 어머니를 위해 기도하고, 추위와 굶주림에서 구해주신 것을 감사했다. 그리고 나중에 훌륭한 사람이 되어 나처럼 힘들고 어려운 사람들을 돕게 해달라고 청했다. 하지만 가수로 성공한 후에 나는 그 기도를 잊어버렸다. 그 약속을 기억하고 지키게 된 것은 내가 목사가 된 후였다.

어머니의 죽음

🎵 지난 밤에 어머니 꿈을 꾸었다. 꿈속의 어머니는 전쟁 전 가회동에서 살 때처럼 환한 모습으로 "항기야, 복희야!" 하고 부르시며 팔을 벌린 채 따뜻하게 웃고 계셨다.

"어머니, 보고 싶었어요. 얼마나 보고 싶었는지 몰라요."

나와 복희가 달려가 어머니께 안기려 하면 어머니는 어느새 저만치 멀어지셨다. 그러기를 몇 차례, 안타까움에 발만 동동 구르다가 눈물범벅이 되어 잠을 깼다. 어머니 생각이 너무 간절해서 그런 꿈을 꾸었나 싶었다. 벌써 여름이 다 되었는데 해를 넘기도록 어머니에게선 아무런 소식이 없었다.

다행히 아버지는 많이 좋아지셨다. 어머니가 주고 가신 성경책 때문인지, 어린 우리가 고생하는 것이 마음이 아파서인지, 아버지는 어려운 치료 과정을 꿋꿋이 잘 이겨내셨다. 우리는 낮에 아버지의 요양소에 가서 함께 지내곤 했는데, 그날도 그랬다. 장마철이라 비가 추적추적 내리는 오후에 갑자기 누가 와서 아버지를 찾더니 우리를 보자마자 주저앉아 소리치며 울기 시작하는 것이었다. 장충동에서 함께 살던 이종 사촌 누님이셨다.

"이모부! 이모가 돌아가셨데요! 우리 이모 불쌍해서 어떡해요. 항기랑 복희, 저 어린 것들을 어떻게 하라고. 아이고."

우리는 모두 할 말을 잃었다. 아버지는 모든 것이 거짓이라며 믿으려 하지 않으셨다. 나 역시 그랬다. 그러나 누님이 가져온 전보에는 분명히 어머니가 사망했다고 쓰여 있었다.

"강원도 묵호에서 성경자 사망. 낙랑 악극단."

아버지는 그길로 우리 남매를 앞세워 강원도로 향하셨다. 그때만 해도 강원도로 가는 교통편이 제대로 없었다. 게다가 장마 뒤라 물이 불어 길은 군데군데 끊어져 있었다. 우리는 차를 타고 가다 걸어가다 하면서 겨우 태백산맥을 넘었다. 나흘이나 걸려 묵호에 도착해 보니 악극단은 이미 어머니의 장례식까지 마치고 강릉으로 떠난 직후였다. 아버지는 당장 강릉으로 쫓아가셨다. 다행히 악극단은 아직 강릉에 있었다.

그때까지도 아버지는 어머니의 죽음을 믿지 않으셨다. 극단에 들어가자마자 아버지는 어떤 놈이 내 마누라를 숨겼냐면서 "내 마누라 내놓으라"고 고함을 지르셨다. 아버지를 알아본 단장이 달려 나오고, 죽이네 살리네 하는 소동이 한바탕 일어났다. 어머니는 무대에서 공연을 하던 도중 갑자기 쓰러진 뒤 의식을 회복하지 못하고 돌아가셨다고 한다. 의사를 불러 왔지만 심장마비여서 손을 쓸 수가 없었다고 한다.

"이놈들아. 내 마누라 살려내라. 그 여자가 어떤 여잔데 너희들이 죽여. 내 마누라 살려내!"

나는 눈물도 나지 않았다. 모든 장면이 아주 느리고 또렷하게 내 눈 앞에서 펼쳐졌다. 아버지의 절규가 귀에 왕왕 울리며 점점 희미해지더니, 저 밑바닥에서 어떤 소리가 들리기 시작했다.

"아버지. 어머니를 죽인 건 바로 아버지예요."

그 소리는 내 심장에 아프게 박히면서 더욱 분명해졌다. 아내를 잃고 슬픔에 몸부림치는 아버지의 모습이 그렇게 가증스럽고

어머니의 추도공연(1955년)

미울 수가 없었다. 아버지가 마약 중독만 되지 않았다면 어머니가 우리를 두고 유랑극단을 따라 나서는 일은 없었을 것이다. 아버지가 어머니를 그렇게 학대하지 않았다면 어머니의 심장이 갑자기 멎어버릴 정도로 아프지는 않았을 것이다.

"아버지가 …… 아버지가 어머니를 죽였다!"

다음날, 단장은 우리 가족을 데리고 묵호로 향했다. 어머니는 그곳 공동묘지에 묻혀 계셨다. 아직 풀도 돋지 않은 새 무덤. 그 앞에 초라하게 세워진 비석에 어머니의 이름 석 자가 선명하게 새겨져 있었다. 그제야 다시는 어머니를 만날 수 없다는 사실이 실감났다. 어머니의 부드러운 손길도, 고운 미소도, 따뜻한 품도 이제는 느낄 수 없게 된 것이다. 갑자기 뜨거운 것이 밀려 올라왔다. 이럴 줄 알았으면 어머니가 유랑극단을 따라간다고 하셨을 때, 죽어도 안 된다고 말릴 걸. 청계천 거지로 평생을 살아도 좋으니 우리 세 식구 같이 살자고 다리라도 붙잡고 매달릴 걸. 절대로, 절대로 보내지 말 걸.

아버지는 어머니 이름을 부르며 그제야 자신이 잘못했다고, 다 자기 때문이라고 어머니 무덤에 쓰러져 손가락으로 흙을 파내며 울부짖으셨다. 이내 손톱이 빠지고 상처에서 피가 철철 흐르는데도 아버지의 오열은 흙이 붉게 물들도록 멈출 줄을 모르셨다. 함께 간 사람들은 아버지의 그런 모습에 눈시울을 붉혔고 복희도 서럽게 울었다. 그러나 나는 주먹을 불끈 쥐고 입술을 깨물며 아버지를 보았다. 그때 내 안에서 다시 소리가 들렸다.

"이제 와서 운다한들 무슨 소용이야. 그런다고 어머니가 다시 살아나나! 나는 절대로 아버지를 용서하지 않을 거야."

무엇인가 내 안에서 쾅 하고 닫히면서 내 마음은 날선 칼날처럼 차갑고 예리해졌다. 그렇게 어머니의 죽음은 아버지와 나 사이를 갈라놓았고, 그 후로 오랫동안 나는 아버지를 미워했다.

천덕꾸러기

🎼 아팠던 여름이 지나갔고 우리 가족은 어머니의 죽음을 조금씩 현실로 받아들였다. 아버지는 약을 끊고 어머니가 일했던 유랑극단에 눌러 앉으셨다. 혼자 남은 아버지로서는 어쩔 수 없는 선택이셨으리라. 그러나 나는 그런 아버지를 도저히 납득할 수 없었다. 어머니가 쓰러지신 그 무대에서 천연덕스럽게 연기하는 아버지가 그렇게 싫을 수가 없었다.

"너희 엄마가 얼마나 너희들을 보고 싶어 했는데……아버지 병도 고치고, 너희와 잘 살아 보겠다고 정말 악착같이 아끼면서 돈을 모았는데."

어머니와 함께 지냈던 유랑극단 분들의 이야기를 들으면서 어머니에 대한 연민은 더욱 사무쳐 갔다. 얼마나 힘드셨을까. 얼마나 아프셨을까. 불과 서른 남짓 된 나이에 마약 중독자 남편과 어린 자식들을 두고 그렇게 황망하게 가신 어머니. 아, 불쌍한 내 어머니. 어머니에 대한 상처가 깊을수록 아버지에 대한 미움도 커져만 갔다.

유랑극단을 따라 다니면서 내 생활은 점점 엉망이 되고 있었다. 학교도 못 다니고, 친구도 사귈 수가 없었다. 다른 아이들이 가방 메고 학교 갈 때, 장터에서 나팔을 불며 호객을 하는 내 모습이 비참하게 느껴져 가슴을 얼마나 많이 쥐어뜯었는지 모른다.

'왜 나는 이렇게 살아야 하나? 왜 다른 아이들처럼 학교도 못 다니고, 이렇게 떠돌아다녀야 하나? 이게 모두 아버지 때문이다.

아버지가 밉고, 정말 싫다.'

세상만사가 모두 불만스러웠고, 아버지와 관련된 모든 것이 싫었다. 심지어 아버지와 함께 무대에 서는 복희도 미웠다. 그렇게 1년 정도가 지났을 때, 아버지는 우리 남매를 부르셨다.

"항기야. 복희야. 너희들, 아버지 따라다니기 힘들지?"

모처럼 우리를 걱정해서 하시는 말씀이었지만, 나는 외면하고 아무런 대꾸를 하지 않았다. 아버지는 우리에게 당분간 안골 큰어머니 댁에 가서 지내라고 하시면서, 그곳에 가면 학교도 갈 수 있고 친구도 사귈 수 있을 것이니 한결 좋을 거라고 말씀하셨다. 그렇게 우리는 안골로 가게 되었다.

피난길에 잠시 들렀던 안골 큰어머니 댁은 별로 변한 것이 없었다. 그러나 부모님과 함께 왔던 지난번과 달리 이번에는 왠지 분위기가 무겁고 냉랭했다. 그곳에는 우리가 할머니라고 부르는 큰어머니의 어머니 되시는 분과 고등학교를 다니는 형님과 누님이 계셨다. 며칠을 지내면서 우리 남매는 비로소 그 불편함의 이유를 알 수 있었다.

"참 뻔뻔하다. 이제는 하다하다 첩의 자식들까지 너한테 맡기는 게냐?"

"어머니. 아이들 듣겠어요. 어린 것들이 어미 잃고 상심이 클 텐데……"

우리는 여태 큰어머니가 큰아버지의 부인인 줄로만 알고 있었다. 그런데 그것이 아니었다. 알고보니 큰어머니는 아버지의 본처였고, 형님과 누님은 사촌이 아니라 이복 남매였던 것이다. 그러니까 복희와 나는 첩의 자식이고, 우리 어머니는 첩이라는 뜻이었다. 연예계에서 둘도 없는 열녀라고 칭송을 받던 어머니가 첩이라니. 어떻게 어머니가 첩이 될 수 있단 말인가. 복희와 나는 엄청난 충격을 받았다.

아버지는 동경 유학시절, 본처가 있는 몸으로 스무 살 처녀인 어머니에게 반해서 총각이라고 속이고 결혼을 하셨다고 한다. 나중에 그 모든 사실을 알게 된 어머니는 얼마나 기가 막히셨을까. 무용가로서의 성공도 포기하고 선택한 사랑이 거짓이었다니. 그런 아버지가 종국에는 어머니를 사지로 몰아넣은 것이다. 나는 어머니의 모든 것을 빼앗아버리고 자식들의 앞날까지 망쳐버린 아버지가 몸서리쳐지도록 싫었다. 그리고 우리를 이곳에 보내 이런 사실들을 알게 한 아버지가 미워서 견딜 수가 없었다.

당연한 일이지만, 그곳에서 우리 남매는 구박을 많이 받았다. 나는 학교는 고사하고 머슴처럼 일했다. 매일 꼴을 베고 나무를 하러 산을 타면서 농사일을 거들어야 했다. 생전 처음 지게를 지고 몇 십 리나 떨어진 천안 장까지 짐을 나르기도 했다. 게다가 할머니께서 복희를 너무 미워하셔서 어디를 가든 복희와 함께 다녀야 했다. 우리 남매는 그야말로 눈칫밥을 먹는 천덕꾸러기 신세였다. 어찌나 심하게 구박했던지 그 미운 아버지가 그립고 유랑극단 떠돌이 생활이 낫겠다 싶을 정도였다.

할머니와 누님에게 매를 맞고 나면 어린 남매 둘이서 토담 아래 그림자처럼 숨어 소리도 못 내고 울었다. 그럴 때면 큰어머니와 형님이 우리를 찾아서 "항기야, 복희야. 너희가 무슨 죄가 있니? 이제 곧 아버지가 데리러 오실 거다. 조금만 참아라." 하며 달래주셨다. 그러면 우리 남매는 매 맞을 때보다 더 서럽게 울곤 했다. 큰어머니와 형님은 우리를 가엾게 여겨 잘 대해 주셨지만, 할머니와 누님으로부터 지켜주지는 못했다. 그 시절 가슴에 쌓인 응어리는 어른이 되어서도 지워지지 않았다.

큰어머니 댁은 교회 사찰이셨고, 온 식구가 신앙생활에 열심이었다. 나와 복희를 그렇게 구박하는 할머니와 누님이 교회에서는 천사처럼 구는 것을 보면서 나의 마음은 비뚤어지기 시작했다.

이전에 어려울 때마다 간절히 찾던 하나님도 어머니가 돌아가시면서 버렸다. 우리 어머니를 그렇게 죽게 내버려 둔 하나님. 우리를 이렇게 미워하고 못살게 구는 사람들이 믿는 하나님. 우리 아버지처럼 무책임하고 제멋대로인 하나님······그런 하나님은 내게 필요 없었다.

그래도 새벽마다 드리던 예배는 내게 큰 위로였다. 차가운 마룻바닥에 복희를 안고 앉아서 예배를 드리다가, 누군가 포근히 감싸주는 느낌에 나도 몰래 스르르 눈이 감겨 마음 편히 잠든 적이 한두 번이 아니었다. 그 시간은 우리 남매가 큰어머니 댁에서 남의 눈을 의식하지 않고 편안히 쉴 수 있는 유일한 순간이었다.

또 한 가지 위안은 큰어머니께서 맡기신 종치기 일이었다. 나는 하루에 두 번, 새벽과 저녁에 교회 종을 쳐야 했는데, 그것이 가장 큰 낙이었다.

"뎅, 뎅, 뎅, 뎅······."

종을 울릴 때마다 내 영혼 깊은 바닥에 가라앉아 있던 응어리들이 깊고 맑은 울림 가운데 씻기는 것만 같았다. 무겁게 나를 짓누르던 어머니의 죽음도, 아버지에 대한 미움도, 복희의 눈물도 깃털처럼 가볍고 투명해져서 바람을 타고 저 하늘로 날아가 버리는 것만 같았다. 그렇게 새벽별이 반짝이고 저녁놀이 질 때마다 교회 종소리가 울리던 안골의 하늘을 바라보며 나는 누군가를 애타게 그리워하고 있었다.

chapter
4

방황하는 사춘기

새어머니
다시 마약을 시작한 아버지
마지막 만남
아버지의 죽음

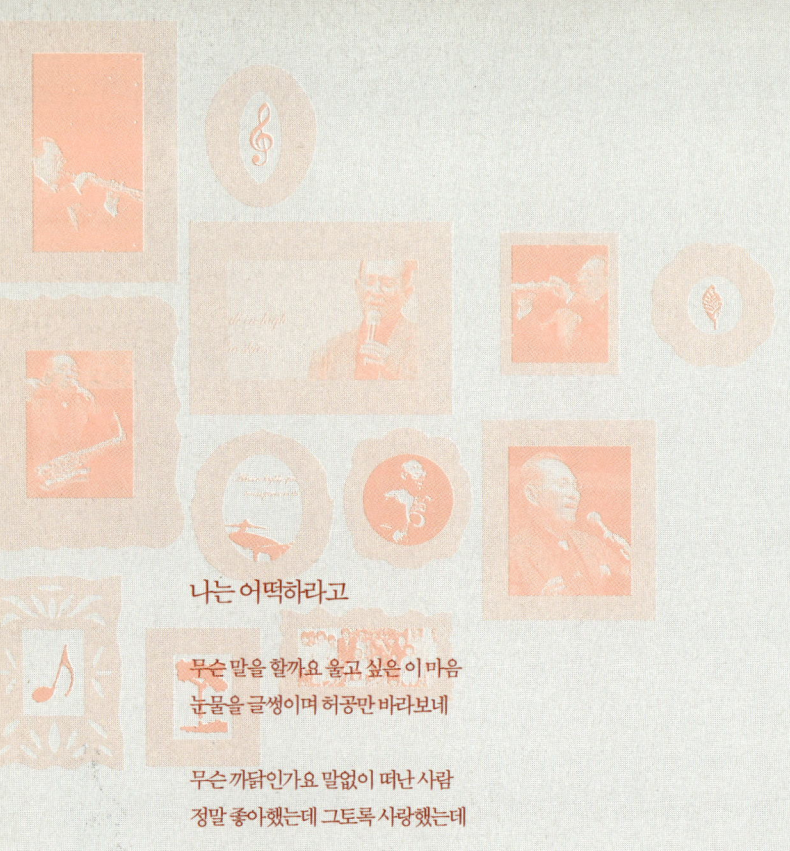

나는 어떡하라고

무슨 말을 할까요 울고 싶은 이 마음
눈물을 글썽이며 허공만 바라보네

무슨 까닭인가요 말없이 떠난 사람
정말 좋아했는데 그토록 사랑했는데

나는 어떡하라고 나는 어떡하라고
나는 어떡하라고 내가 미워졌나요

믿을 수가 없어요 믿을 수가 없어요
내 말 좀 들어봐요 나는 어떡하라고

새어머니

아버지는 가끔 안골에 다녀가셨다. 다시는 얼굴도 보지 않겠다고 결심했지만 막상 아버지를 보면 목이 메어 고개를 숙인 채 말을 못했다. 아버지도 그동안 농사일로 거칠어진 내 손을 보면서 말씀이 없으셨다.

"아버지. 우리 같이 살면 안 돼요?"

어렵게 입을 떼면 아버지는 말없이 먼 산만 보셨고 나는 그런 아버지를 하염없이 쳐다보았다. 어색한 침묵 사이에서 복희가 "아버지." 하고 울음을 터뜨리면, 아버지는 복희의 머리를 쓰다듬어 주시면서 "너희가 고생이 많다."라고 하실 뿐이었다. 그렇게 며칠을 지내다가 아버지는 또 길을 떠나셨다. 아버지가 가실 때마다 복희는 아버지한테 찰싹 달라붙어 무슨 일이 있어도 따라가겠노라고 막무가내로 떼를 썼다.

"복희야. 큰어머니 말씀 잘 듣고 있어라. 아버지가 다음에 데려가마."

"싫어. 싫어. 따라갈 거야. 나 두고 가지 마, 아버지. 아악!"

아버지가 복희 손을 억지로 떼어내고 큰 걸음으로 성큼성큼 멀어져 가면, 복희는 땅바닥에 쓰러져 몸부림을 치며 울었다. 그 어린 것이 자기 가슴을 두드리고 얼굴을 긁어가며 울어대면 나는 복희를 붙잡은 채 같이 끅끅거리며 아버지가 보이지 않을 때까지 울곤 했다. 한 번도 돌아보지 않았지만 아버지도 눈물을 흘리며 고개를 넘어 가셨으리라.

그러던 어느 날이었다. 늘 그렇듯 소식 한 장 없이 불쑥 나타난 아버지는 전과 달리 싱글벙글 웃고 계셨다.

"항기야, 복희야. 너희들 아버지와 같이 가자. 이제는 아무 걱정 말아라."

그렇게 우리는 다시 아버지와 살게 되었다. 아버지는 그 사이 악극단의 무용수와 재혼을 하셨다. 새어머니는 아버지께 잘 했고 우리도 많이 아껴 주셨다. 어머니를 잃고 안골에서 고생을 많이 한 터라 우리 남매는 새어머니에게 많이 의지했다. 유난히 엄마 사랑에 목말라 하던 복희는 새어머니를 아주 잘 따랐다.

청계천 거지로 지낼 때도 복희는 어머니와 조금이라도 비슷해 보이는 사람이 지나가면 무턱대고 따라가거나 매달려서 나를 애 먹이곤 했다. 내가 "엄마 아냐. 다른 사람이야."라며 혼내고 달래도 막무가내로 "우리 엄마야. 우리 엄마야!" 하며 울던 복희였다.

아버지는 다시 서울로 올라와서 한국 최초의 텔레비전 방송국

중학교 시절의 모습

쇼를 맡으셨다. 아버지가 자리를 잡으면서 우리 가족은 비로소 정착할 수 있었다. 그런데 이번엔 내가 문제였다. 사춘기에 접어들면서 여태껏 참아왔던 울분과 설움이 반항심으로 터져 나왔다. 저녁 밥상에 모여 있는 아버지와 복희, 새어머니의 웃는 모습을 보면 어머니 생각이 났다. 우리 어머니는 고생만 하다 가셨는데……불쌍한 어머니.

새어머니가 돌아가신 어머니의 모든 것을 빼앗은 것처럼 느껴져서 견딜 수가 없었다. 새어머니가 잘 해 주시는 것도 싫었고, 챙겨주는 것도 싫었다. 새어머니와 잘 지내는 복희와 아버지도 미웠다. 자연히 말 한마디도 곱게 나가지 않았고, 나 때문에 집에서 큰소리 나는 일이 잦아졌다.

보다 못한 아버지는 나를 경기도 안성 부근의 시골 중학교로 전학시키셨다. 모든 것이 내 잘못이니 받아들일 수밖에 없었다. 아버지는 학교 앞에 하숙을 잡아주고 열심히 공부하라는 말씀만

남긴 채 서울로 올라가셨다. 나는 또 혼자가 된 것이다. 처음에는 자유롭고 편했지만 갈수록 집이 그립고 내 신세가 한심하게 느껴졌다. 한번씩 가족들이 보고 싶어 서울 집에 가면 식구들은 나를 피했고 아버지는 노골적으로 못마땅해 하셨다.

'아무것도 제대로 못하는 바보 같은 놈. 가족들과도 제대로 못 지내는 놈. 이런 주제에 공부는 해서 뭣해. 공부를 한다고 뭐가 되겠어?'

나는 걷잡을 수 없이 비뚤어졌다. 결국 시골 하숙집으로 간다고 말해 놓고 가출을 하고 말았다. 워낙 어려서부터 거리에서 지낸 이력이 붙어서인지 겁나지도 않았다. 되는 대로 지내면서 나쁜 친구들과 어울리기도 하고 구두닦이와 신문팔이를 하며 겨울을 맞았다. 여름에 입고 나왔던 홑겹 옷이 추워질 무렵, 그만 명동 한복판에서 아버지와 맞닥뜨리고 말았다. 아버지는 시골에서 열심히 학교를 다니고 있어야 할 아들이 거지꼴이 되어 명동을 헤매고 있는 것을 보고 아연실색하셨다.

"아버지……"

나를 쳐다보는 아버지의 눈빛이 경악에서 분노로 바뀌는 것을 보면서 나는 그 자리에서 얼어버렸다. 아버지는 그길로 나를 집으로 끌고 가서 때리기 시작하셨다. 처음에는 매를 들고 때리시다가 나중에는 닥치는 대로 때리시는데……얼마나 맞았을까. 나는 기절을 하고 말았다.

잠시 후 정신을 차려 보니 옆에는 새어머니와 복희가 울고 있었고 아버지는 보이지 않았다. 일어나려 했지만 몸이 말을 듣지 않았다. 움직일 수 없을 정도로 맞은 것이다. 지독한 아픔에 정신을 못 차리고 멍하니 천정을 보는데 한 줄기 눈물이 뺨을 타고 흘렀다.

'내가 왜 이렇게 되었을까. 이런 걸 원한 것은 아니었는데……왜 살아야 하나. 어머니…….'

아무도 사랑해 주지 않는다는 것이 얼마나 지치고 외로운지, 상처투성이가 되어버린 몸보다 마음이 더 아팠다. 그날 나는 나를 포기해 버렸다. 그리고 아버지 역시 그런 나를 포기해 버리신 것 같았다. 나는 모든 것이 끝났다고 생각했다. 그때만 해도 세상 누가 뭐라 해도 절대로 나를 포기하지 않는 단 한 분이 있다는 사실을 몰랐던 것이다. 그렇게 열네 살, 나의 봄은 다시 나락으로 떨어지고 있었다.

다시 마약을 시작한 아버지

그 후로 나는 학교도 가지 않고 집에서 빈둥대며 시간을 보냈다. 아버지는 나와 눈도 마주치지 않으셨다. 그러던 어느 날이었다. 새어머니가 조심스럽게 말씀을 꺼내셨다.

"항기야. 큰일 났다. 아무래도 아버지가 다시 마약을 시작하신 눈치야. 너도 그렇고 요즘 하시는 일도 그렇고……많이 힘드신 것 같다."

누군가 내 머리를 망치로 내려치는 것 같았다. 마약……마약이라니. 순간 비참하게 돌아가신 어머니와 청계천 거지 시절이 스쳐갔다. 어떻게 마약을 다시 할 수 있단 말인가. 그것 때문에 우리 가족이 어떻게 되었는데. 어머니를 죽게 하고 나를 이렇게 망가뜨린 마약에 다시 손을 대다니!

과거에 일어났던 나쁜 일들은 그대로 반복되었다. 아버지가 마약을 하시면서 일은 줄어들고 집의 세간들도 하나 둘 사라져갔다. 이제 곧 새어머니도 어머니가 그랬던 것처럼 여기저기 돈을 구하러 다니게 될 것이다. 그리고 나와 복희는 다시 구걸하며 청계천을 헤매야 할 지도 모른다. 머리칼이 쭈뼛 서고 무작정 달아나야겠다는 생각만 들었다. 아버지와는 잠시도 같이 있을 수 없었다. 아버지에 대한 뿌리 깊은 실망감은 이제 환멸로 변해버렸다. 나는 더 이상 나를 찾지 말라는 편지 한 장만 남겨놓은 채 집을 나오고 말았다.

막상 나와 보니 갈 데가 없었다. 나는 아무도 나를 찾지 못할 어디론가 숨고만 싶었다. 왜 그리 어머니 생각이 나던지. 꽉 쥔 주먹으로 눈물을 훔치면서 거리를 헤매다가 역까지 갔다. 행선지를 보니 부산, 대구, 천안 등…… 안 가본 데가 없었다. 그러다 문득 오산 근처 서정리에 있는 외갓집이 떠올랐고, 어려서 함께 놀던 외사촌 형들이 보고 싶었다. 그 길로 무작정 기차를 잡아타고 기억을 더듬어 외갓집을 찾아갔다.

그새 많이 늙으신 외할머니는 몇 년 만에 불쑥 나타난 손자를 어렵지 않게 알아보셨다.

"네가 항기냐, 네가 항기야? 우리 막내가 객지에서 고생고생하다 죽었다더니 이 어린 것을 남겨두고 어찌 눈을 감았을꼬?"

눈물을 흘리며 주름진 손으로 내 얼굴을 어루만지시는 외할머니께 안겨서 나는 참으로 오랜만에 마음 놓고 울었다. 우리 어머니는 1남3녀의 막내로 셋째 딸이었다. 재주 많고 예쁜 막내딸이 남편을 잘못 만나 단명하고 말았으니 외할머니의 마음이 오죽 하겠는가.

외할아버지와 외할머니는 어머니가 돌아오기라도 한 것처럼 나를 반겨 주셨고, 외갓집 식구들도 나를 따뜻하게 대해 주었다. 내가 하는 이야기에 함께 울고 함께 웃어 주는 이들이 있다는 것이 얼마나 위로가 되는지 그때 처음 알았다. 외갓집에서 아무 걱정 없이 지내면서 어두웠던 내 얼굴은 점차 밝아졌다. 그렇게 조금씩 여유가 생기자 두고 온 가족들의 소식이 궁금해졌다. 다시는 안 보겠다고 큰소리 치고 나왔지만 그래도 가족이 아닌가. 나는 외삼촌께 말씀드리고 서울 집을 찾았다. 그러나 서울에서 나를 기다리고 있는 것은 청천벽력 같은 소식이었다.

불과 석 달 사이에 우리 가족은 흔적도 없이 사라져버렸다. 아버지는 어디로 가셨는지 소식조차 모르고 새어머니는 전라도에 있는 친정으로 내려가셨다고 한다. 그리고 복희. 복희는 친구 송영란의 집에서 지내면서 송영란과 함께 미8군 쇼에서 노래를 부르고 있다고 했다. 또 가족이 뿔뿔이 흩어져버린 것이다. 이미 한 번 겪은 일이었는데도 충격이었다. 나도 모르게 눈앞이 캄캄해지고 몸이 땅속으로 푹 꺼지는 것 같았다.

정신을 차리고 복희가 일한다는 쇼단의 이름을 물어 찾아갔다. 나는 복희를 보자마자 너무 반갑고 안쓰러워서 울컥 했다. 그동안 얼마나 마음고생이 심했는지 열한 살짜리 꼬마가 세상 다 산 것 같은 표정을 하고 있었다. 심지어 복희는 나를 보고도 시큰둥했다. 하긴 지난 번 집을 뛰쳐나올 때 나는 복희 생각을 조금도 하지 않았다. 아버지는 마약에 중독되어 미친 사람처럼 변했을 테고, 친어머니처럼 따랐던 새어머니는 도망가 버리고, 하나뿐인 오빠는 저만 살겠다고 사라져버렸으니 어린 마음에 얼마나 상처를 입었을까. 그 생각을 하니 차마 입이 떨어지지 않았지만 복희의 손을 잡고 일으켰다.

"복희야. 가자. 우리 외갓집에 가서 살자."

"싫어. 뭐 하러 왔어. 다 필요 없어. 난 여기서 노래 부르면서 혼자 살 거야."

거짓말. 그것은 나도 숱하게 했던 거짓말이다. 그것은 혼자가 싫다고, 누구라도 좋으니 제발 함께 있어달라는 간절한 바람이라는 것을 나는 알고 있었다. 그렇게 말해도 아무도 들어주지 않기 때문에 하는 거짓말인 거다. 내가 했던 말을 복희에게 들으면서 나는 복희를 억지로 기차에 태워 외갓집으로 내려갔다. 가는 내내 복희는 말없이 창밖만 뚫어지게 보고 있었다. 다행히 외갓집 식구들 모두 복희를 반겨 주었다. 덕분에 복희의 마음도 조금씩 풀리기 시작했고 예전처럼 밝아졌다.

그렇게 외갓집에서 지내는 동안, 우리는 처음으로 다른 아이들처럼 아무 걱정 없이 뛰어놀기도 하고, 야간 학교에 다니며 공부도 할 수 있었다. 복희는 그곳 오산 미군 부대에서도 노래를 했다. 복희가 일당 500원짜리 가수로 밤무대에서 노래하는 동안 나는 주로 흑인 병사들을 상대로 구두를 닦는 '슈샤인 보이'를 하면서 미국 팝을 자주 접하게 되었다. 가락이 입에 붙고 리듬에 따라 경쾌하게 구두를 닦고 나면 기분파인 흑인들이 주는 팁을 챙겨 공연이 끝난 복희를 데리고 밤길을 더듬어 외갓집으로 돌아왔다. 어두웠지만 밤하늘엔 별이 반짝이고 우리에게는 돌아가 쉴 곳이 있었다. 서정리 외갓집에서 나와 복희는 지친 몸과 마음을 잠시 추스르고 다시 살아갈 힘을 얻을 수 있었다. 하지만 또 한 번의 거대한 파도가 우리에게 닥쳐오고 있었다.

마지막 만남

이듬해 겨울, 우리 남매는 아버지가 서울에 계시다는 소식을 전해 들었다. 그렇게도 미워했던 아버지였건만, 마음 한편에선 늘 걱정이 되었다. 나와 복희는 아버지를 찾아 서울로 갔다. 아버지가 묵고 계신 곳은 여관이라고 부르기도 민망한 허름한 쪽방 같은 곳이었다. 그곳에 아버지가 계셨다.

"아버지⋯⋯저희 왔어요."

작은 창을 등지고 앉아 계신 아버지의 몸은 너무 작고 왜소해 보였다. 자세히 보니 얼굴은 10년도 더 늙어 보였다. 아버지가 어느새 저렇게 늙으셨나. 불과 1년 반 만에 사람이 저렇게 될 수도 있구나 싶을 정도로 아버지는 변해 있었다. 무엇보다도 내가 놀란 것은 아버지의 표정이었다. 우리를 제대로 쳐다보지도 못하고 내리뜨고 있는 아버지의 눈가가 젖어 있었다.

"너희들 볼 면목이 없구나. 모두⋯⋯이 못난 애비 탓이다. 크흑."

갑자기 아버지가 울음을 터뜨리셨다. 그것은 여태 보아온 아버지의 모습이 아니었다. 어떤 경우에도 자신이 누구인지를 잊지 않았던 아버지는 이제 완전히 다른 사람이 되어 있었다. 아버지는 한없이 부끄럽고 불쌍한 인생이 되어 세상 누구보다 초라하게 우리 앞에 용서를 구하고 계셨다. 차라리 예전처럼 오만하고 이기적인 모습이 낫다 싶을 정도로 아버지의 울음은 처참했다.

'울지 마세요, 아버지. 예전처럼 저에게 쓸모없는 놈이라고 욕

하고 화내세요. 아버지가 이러시면 제가 아버지한테 할 말을 못 하잖아요. 제가 아버지한테 더 이상 화를 낼 수가 없잖아요.'

가슴 아래에서 무언가 큰 나무 같은 것이 스러지는 소리가 뻐근히 들려왔다.

"이제 아버지가 다시는……다시는 마약 같은 것……하지 않겠다. 너희들한테 못할 짓, 더는 않겠다. 조금만 기다려다오. 이제 너희들만 보고 살겠다. 조금만 기다려다오."

아버지는 한참을 그렇게 스스로 다짐하고 또 다짐하다가 마침내 진정하셨다. 그러더니 이번에는 우리에게 따뜻한 밥 한 끼 사 주겠다며 저녁에 만나자고 하셨다. 그 말씀에 눈물이 핑 돌았다. 그때 내 나이 열일곱이었는데 그날까지 아버지로부터 그런 배려나 따뜻한 말을 들어본 적이 없었기 때문이다. 언제나 자기중심적이었고 자기만 대접받기를 원했던 아버지가, 우리를 위해 무언가를 해 주고 싶다는 말씀을 처음으로 하신 것이다.

결국 우리는 약속을 하고 일단 여관을 나왔다. 몇 걸음 뒤쳐져 따라오던 복희가 여관을 나서자마자 왈칵 울음을 쏟았다.

"오빠. 아버지가 너무 불쌍해."

아무 말 하지 않았지만 내 마음도 찢어질 것처럼 아프기는 마찬가지였다. 복희는 그 길로 예전에 일하던 쇼단에 가서 계약을 하고 계약금을 받았다. 미8군에서 가수 활동을 하고 싶다는 복희의 바람을 막을 이유가 없었다. 게다가 이곳에서는 정식 학교를 다닐 수도 있었다. 그리고 우리 남매는 아버지를 뵈러 명동으로 갔다. 초겨울 바람이 쌀쌀했다.

약속장소에 가보니 다른 사람들은 외투는 물론 털모자에 장갑까지 끼고 있는데 아버지 혼자 여름양복을 입고 계셨다. 추위에 덜덜 떨고 계신 그 모습을 보자 울음이 터져 나올 것만 같아 급히 얼굴을 돌렸다. 무조건 제일 먼저 눈에 띄는 따뜻한 식당을 찾아 들어갔다. 세 식구가 상에 둘러앉으니 우리도 평범한 가족처럼 보였다. 그러나 사실은 서로 눈물을 감추기 급급하고 목이 메어 밥만 꾸역꾸역 삼키고 있었다.

그 와중에 복희는 방금 받아온 계약금을 아버지께 드렸다. 얼마 되지 않았지만 그것이라도 드리지 않으면 아버지가 이 겨울을 어찌 지내실지 알 수 없었기 때문이다. 어렵게 그 돈을 받으신 아버지는 다음날 안골로 내려간다고 말씀하셨다.

"요양을 해서 몸을 좀 회복한 뒤에 바로 올라오마. 아버지는 이제 너희들 뒷바라지만 하고 살 참이다. 항기야, 복희야. 정말 미안하다."

마약으로 마르고 새카맣게 타들어간 아버지의 얼굴 위로 또 눈물이 번지고 있었다. 복희는 아버지의 손을 잡고 엉엉 울었지만, 나는 입술을 깨물며 참았다. 모든 것은 아버지가 자초한 일이다. 자기 뿐 아니라 어머니와 우리 인생까지 망쳐버렸다. 아무리 잘못했다고 뉘우쳐도 이제는 아무것도 달라지지 않는 걸. 오래전 닫혀버린 내 마음의 벽에 눈물이 차갑게 얼어붙고 있었다. 그렇게 몸도 마음도 얼어붙어서 나는 꼼짝도 않고 서 있었다.

아버지는 무언가 할 말이 있는 것처럼 몇 번이나 돌아보시다가 우리를 보내셨다. 복희는 눈물을 흘리며 쇼단으로 갔고 나는 기차를 타고 외갓집으로 돌아왔다. 겨울이라 뽀얗게 김이 서려 기차 창밖으로 아무것도 보이지 않았다. 나는 김 서린 유리창에 누군가의 얼굴을 그리고 거기에 머리를 묻고 그만 울어버렸다. 우리는 그날 그렇게 작별을 했다. 그리고 그것이 아버지와 우리의 마지막 만남이었다.

아버지의 죽음

🎼 해가 바뀌고 얼음이 녹는가 싶더니 어느새 꽃이 피고, 여름이 되었다. 무더운 장마도 한풀 꺾이더니 여기저기서 고추잠자리가 보이기 시작했다. 복희는 미8군에서 노래를 부르고 있었고, 나는 여전히 외갓집에 있었다. 1958년 어느 날, 서울 이모님 댁에서 급보가 왔다. 아버지가 돌아가셨다는 것이다.

'앞으로 잘 하겠다더니……이제 우리만 보고 사신다더니.'

아버지는 결국 그 약속도 지키지 못하고 가버리셨다. 충격이 채 가시기도 전에 제일 먼저 든 생각은 앞으로 어떻게 사나 하는 것이었다. 이제 고작 내 나이 열일곱 살이고, 복희는 열네 살밖에 안되었는데……. 우리는 고아가 되고 만 것이다.

아버지가 돌아가셨다는 소식을 듣는 순간, 큰 나무 한 그루가 사라져 버린 것 같은 느낌이 들었다. 바람 부는 들판에 홀로 서 있는 듯한 그 상실감을 뭐라 표현해야 좋을까. 일찍이 그렇게 사무치게 아버지의 존재가 다가온 적은 없었다. 아버지란 그런 것이다. 아무것도 하지 않는 것 같았지만, 그냥 있어 주는 것만으로 마음 한 구석이 든든하고 어딘가 기댈 데가 있는 것 같은 느낌. 무심해도 그저 내 뒤에 당신이 계신다는 느낌 하나로 묵직한 아버지의 자리. 어느 날 밑둥이 잘려 쓰러지면서 아들의 가슴을 우르르 무너뜨려도, 남은 그루터기의 나이테만큼 힘이 되는 것이 아버지다. 앞으로 나는 그런 아버지 없이 세상을 살아야 하는 것이다.

아버지는 안골에서 요양을 하다 돌아가셨고 그곳에서 장례까지 모신다고 했다. 결국 본처에게 돌아가 생을 마감하셨다고 생각하니 큰어머니의 말없이 기도하던 모습이 떠올랐다. 그리고 청계천 천막 교회에서 눈물을 흘리며 기도하시던 어머니의 모습도 겹쳤다. 나는 서둘러 서울 이모네로 가서 복희를 데리고 안골로 내려갔다.

장례는 이미 끝난 뒤였다. 표현을 별로 안 하시는 큰어머니였지만 우리를 보자마자 붙잡고 한참을 우셨다. 그렇게 구박하던 할머니와 누님도 이번에는 진심으로 우리를 가엾게 여겨 주셨다. 상복을 입은 형님은 내 손을 잡은 채 눈물만 뚝뚝 흘리셨다.

"아버지는 요 몇 달 동안 매일 성경 보고 기도만 하셨다. 죄만 짓고 살았다고 얼마나 후회하셨는지 모른다. 너희들하고⋯⋯너희 어머니한테 못할 짓만 했다고. 그렇게 마음 아파하다가 가셨다. 너희들 걱정에 마지막까지 눈도 못 감으셨으니⋯⋯항기야. 아버지⋯⋯용서해 드려라."

큰어머니가 흐느끼시며 하시는 말씀들이 귓전으로 지나갔다. 나는 한마디도 할 수 없었다. 눈물조차 나지 않았다. 아버지의 무덤은 아직 봉분도 올리지 못해 평평했다. 그 무덤을 보는 순간 복희가 "흑!" 하더니 슬픔을 이기지 못하고 내게 안겨 오열하기 시작했다. 한겨울 추위에 여름 양복을 입고 파랗게 떠시던 아버지의 마지막 모습만 자꾸 떠오르는데, 납작한 무덤 저만치 피어있는 코스모스가 바람에 한들거렸다.

"그렇게 보고 싶어했다는 우리가 왔는데⋯⋯ 아버지!"

그제야 굵은 눈물이 볼을 타고 흘렀다. 저 속에서 무언지 알 수 없는 서러움이 꾸역꾸역 밀려 올라와서 나는 주먹을 꽉 쥔 채 입을 막고 한참을 울었다. 우는 것은 늘 아버지였고, 그래봤자 소용없다고 비난하는 것은 내 몫이었다. 그런데 지금 내가 아버지 무덤 앞에서 그렇게 울고 있는 것이다. 아무리 울어도 아무것도 변하지 않는다는 것을 알고 있으면서도 눈물이 멈추지 않았다. 흐느끼는 나의 어깨 위로 가을바람이 스쳐갔고, 누가 울리는지 안골 교회의 종소리가 멀리서 들렸다.

아버지의 죽음과 함께 나의 유년은 끝이 났다. 비록 전쟁과 가난으로 상처투성이였지만 그래도 기다릴 누군가가 있었고, 희미하나마 그리운 추억들이 남아 있는 어린 시절은 막을 내렸다. 기차를 타고 서울로 돌아오는 내내 나와 복희는 무엇이 그리 피곤했는지 세상모르고 잤다. 서울에 도착해서 기차에서 내리는 순간 모든 것이 마치 꿈을 꾼 것처럼 느껴졌다. 그러나 아버지의 죽음도, 혼자 남겨진 우리도 엄연한 현실이었다.

"오빠. 나, 가볼게요."

울어서 눈이 퉁퉁 부은 복희는 서울 큰이모 댁으로 가고 나는 서정리 외가로 내려왔다. 내려와서 거울을 보니 10년은 늙어버린 것 같았다. 이제껏 늘 혼자 살 수 있다고, 혼자 살아왔다고 자부했는데 막상 정말로 혼자가 되고 나니 아무것도 할 수가 없었다.

'앞으로 나는 어떻게 살아야 하나?'

그것은 중학교 시절 가출을 해서 돌아다니다가 명동에서 아버지께 붙잡혀 두들겨 맞은 이후로 처음으로 자신에게 던진 진지한 질문이었다. 평생 구두닦이로 살 수는 없었다. 다른 기술이 있는 것도 아니다. 공부를 다시 한다 해도 이제는 정말 학교를 보내줄 사람이 없다. 앞으로 어떻게 살아야 하나? 당장 직면한 것이 생존의 문제였다.

내가 할 수 있는 것이 무엇인지 곰곰이 생각하니, 어려서부터 본 것은 음악밖에 없었다. 아버지가 일절 금하셨기 때문에 악기를 배울 기회도 없었고 노래를 불러보지도 못했지만 나는 어머니 뱃속에서부터 음악과 함께 만들어졌고, 부모님을 따라 다니며 음악과 함께 성장했다. 잘 할 수 있을지는 모르겠지만, 음악은 내가 아는 유일한 것이었다.

게다가 아버지는 당대 최고의 가수에 배우, 어머니 역시 내로라하는 무용수, 동생 복희까지 여섯 살 때부터 극장에 선 예인의 가문이 아닌가! 거기에 생각이 미치자 복희가 일하고 있는 미8군 쇼단을 찾아가야겠다는 마음이 들었다. 그 어린 복희도 하고 있는데, 내가 못 할 것이 무엇이랴 싶었다.

나는 무작정 서울로 향하는 기차를 탔다. 창밖으로 가을 풍경이 빠르게 지나가고 있었다. 아버지……그리고 어머니. 이제 아무도 없구나. 나는 혼자구나. 돌아보면 열일곱. 아무것도 모르는 철부지였지만, 나는 알았다. 홀로서기에는 너무 어린 나이지만 내 인생의 봄은 벌써 끝나버렸다는 것을.

창밖으로 보이는 황금빛 들판은 찬란했지만, 내 마음은 시리도록 외로웠다. 나는 서늘한 가을바람을 등으로 맞으며, 새로운 길을 찾아 홀로 떠나고 있었다.

2부
나의 사랑, 노래

'키보이스'는 한국 대중음악에 한 획을 그은 변화를 열었을 뿐 아니라, 내 인생에 있어서도 새로운 문을 여는 열쇠가 되었다. '키보이스'를 통해 나는 음악이 무엇인지 배웠고, 젊은 시절의 열정은 목표를 찾았다. 그리고 덤으로 좋은 사람들을 얻었다. 아무것도 없는 빈손이었지만 주먹만 쥐어도 세상을 쥐고 있는 것 같은 벅찬 감동이 그때는 있었다. 꿈이 있어 행복했고, 그것만으로 충분하다고 생각했다. 이대로 좋다고 생각했다. 그러나 그 마음이 점차 부풀어 눈앞의 모든 세계를 오색 무지개로 물들일 즈음, 놀랍게도……꿈은 이루어졌다.

뜨거운 청춘

새로운 출발
신고합니다!
너는 꼭 예수를 믿어라
새로운 세계의 열쇠, '키보이스'
한국의 '비틀스'

해변으로 가요

별이 쏟아지는 해변으로 가요 해변으로 가요
젊음이 넘치는 해변으로 가요 해변으로 가요
달콤한 사랑을 속삭여 줘요

연인들의 해변으로 가요 해변으로 가요
사랑한다 말은 안해도
나는 나는 행복에 묻힐 거에요

불타는 그 입술 처음으로 느꼈네
사랑의 발자욱 끝없이 남기며

별이 쏟아지는 해변으로 가요 해변으로 가요
젊음이 넘치는 해변으로 가요 해변으로 가요

새로운 출발

나는 서울에 도착하자마자 곧바로 복희가 일하는 '에이원 쇼단'의 밴드마스터로 계시는 김희갑 선생님을 찾아갔다. 김희갑 선생님은 당대 최고의 작곡가이자 지휘자셨고 아버지와도 잘 아는 사이셨다. 복희도 선생님께 기타와 음악을 배웠다. 나는 선생님을 뵙자마자 무조건 음악을 가르쳐 달라고 매달렸다. 선생님은 잠시 놀라다가 내 결연한 표정을 보더니 나이를 물으셨다.

"열……열 일곱입니다."

"음악은 좀 있다가 배워도 늦지 않다. 학교는 마쳐야지."

나는 내 사정을 말씀드리며 무조건 음악을 하겠다고 사정을 했다. 결국 김희갑 선생님은 마지못해 나를 연구생으로 받아주셨다. 이제 내게도 새로운 인생이 시작된 것이다.

나는 제일 먼저 복희에게 이 소식을 알렸다. 누가 뭐래도 하나밖에 없는 피붙이가 아닌가. 틀림없이 좋아할 줄 알았는데 내 이야기를 들은 복희의 얼굴이 금세 흐려졌다. 나는 영문을 몰라 서운하기도 하고 당황스럽기도 했다.

"오빠. 사실 우리가 아버지 마지막으로 만났을 때, 아버지가 나한테 부탁하셨어. 오빠는 절대로 연예계에 발 들이지 못하게 하라고. 내 손을 잡고 얼마나 신신당부를 하셨는지 몰라. 아버지가 오빠만은 이 일 시켜선 안 된다고 그렇게 말씀하셨는데……."

그제야 무언가 할 말이 있는 듯 몇 번이나 입을 떼다 말던 아버지의 마지막 모습이 기억났다. 그 말씀을 하려고 그러셨구나. 아무리 무심해 보였어도 아버지는 아버지였다. 아버지는 당신 아들이 어떤 생각을 하는지, 앞으로 어떤 길을 걷게 될 지 미리 내다보셨던 것이다. 그리고 당신처럼 살게 될까봐 불안하고 걱정스러우셨던 것이다.

'아버지. 그래서 저는 극장 출입도 못하게 하셨어요? 제가 아버지처럼 될까봐 그렇게 불안하셨어요? 저는 절대 아버지처럼 살지 않을 거예요. 걱정하지 마세요.'

나는 정말 열심히 배웠다. 그때 김희갑 선생님으로부터 배운 악기와 노래는 평생 음악을 하는 데 자산이 되었다. 나는 악기 중에서도 특별히 드럼에 끌렸다. 드럼을 두드리면서 울부짖듯 노래를 부르고 나면 내 안에 있는 어떤 응어리들이 화산이 분출하는 것처럼 터져 나왔다. 그 순간만큼은 모든 것을 잊을 수 있었다. 불쌍한 어머니. 미운 아버지. 그리고 가여운 복희와 나. 아무도 몰라주는 나만의 외로움과 상처들이 드럼 소리에 산산이 부서져서 공중으로 흩어졌다. 드럼은 나대신 울어 주었다.

　복희는 내 동생이었지만 음악 인생으로는 나보다 훨씬 선배였다. 나는 아직 연구생이라 무대 근처에도 못가고 심부름만 하는데 비해 복희는 미8군에서도 제법 인기 있는 가수였다. 게다가 학교까지 다니고 있었다. 아침 일찍 교복을 입고 학교에 갔다가 저녁이면 쇼단에 출근해서 늦게까지 공연을 했다. 숙소로 돌아와서도 바로 잠자리에 드는 것이 아니라 학교 숙제까지 다 해놓고 새벽녘에야 잠들었다. 이 야무지고 똘똘한 아이가 울보 복희가 맞나 싶을 정도로 복희는 훌쩍 자라 있었다. 반면 나는 쇼단의 연구생이었으므로 복희한테 얹혀 지내며 용돈까지 타 쓰는 신세였다. 오빠 체면에 말이 아니었고, 미안하기 짝이 없었다. 그래도 나는 음악을 배울 수 있다는 것만으로도 감사했다.

　그러던 어느 날, 드디어 기회가 왔다. 선생님께서 클럽 무대에 한번 서 보라고 하신 것이다. 그날을 위해서 진 빈센트의 〈비밥바룰라〉에 엘비스 프레슬리의 개다리춤을 얼마나 연습했는지 모른다. 반짝이 무대의상을 입고 기름을 발라 넘긴 헤어스타일로 무대에 올랐는데, 막상 조명이 켜지자 눈앞이 캄캄해지더니 아무것도 보이지 않았다. 얼마나 얼었는지 마이크를 켜는 것도 잊은 채 막무가내로 〈비밥바룰라〉를 부르며 개다리춤을 미친 듯이 추었다. 나는 심장이 입으로 튀어 나올 것 같은 걸 억지로 참아가며 노래를 하는데, 앞에 앉은 미군들은 배를 잡고 웃어댔다. 곡이 끝나자 앙코르가 터져 나왔지만, 내가 할 수 있는 영어 노래는 〈비밥바룰라〉밖에 없었다. 나는 아까보다 더 열심히 개다리춤을 추면서 〈비밥바룰라〉를 외쳤고, 미군들은 더 크게 박수를 쳐주었다.

그것이 나의 데뷔 무대였다. 그날 땀에 젖어 후들거리는 다리로 겨우 무대를 내려오면서 나는 온몸이 화끈거리고 공중에 붕붕 뜬 것 같은 느낌을 맛보았다. 내 공연에 박수를 쳐주고 웃어준 미군들을 보면서 나도 누군가에게 인정받을 수 있는 존재라는 걸 느꼈다. 누군가를 감동시킬 수 있고, 즐겁게 해 줄 수 있는 존재. 마치 나 아닌 완전히 새로운 존재가 된 듯한 그 희열감! 나는 행복했다. 어렴풋이 악극에 미쳐 가족도 나 몰라라 하고 쫓아다니시던 아버지가 떠올랐다.

'아버지. 이것이었나요. 이것 때문에 그렇게 사셨나요?'

그 순간처럼 아버지가 가깝게 느껴진 적은 없었다.

그 무대는 내 인생의 전환이었다. 그때는 내가 선택한 줄 알았는데, 아니었다. 그로부터 30년 후, 나는 그것이 철저하게 그분의 계획이셨음을 알게 되었다. 하지만 그 사실을 깨닫기까지는 아직 먼 길을 가야 했고, 나는 이제 막 모퉁이 하나를 돌았을 따름이었다. 새로운 인생이 내 앞에 펼쳐지고 있었다.

신고합니다! 해병 윤항기

🎼 대한민국 남자들은 셋만 모이면 군대 이야기를 하는데, 나 역시 마찬가지다. 어떤 사람들은 군대에서 고생한 것밖에 없는 것처럼 이야기하지만, 내 경우는 군대를 생각하면 고향이라는 느낌이 들 정도로 마음이 따뜻해진다. 그렇다고 나의 군 생활이 마냥 편한 것만은 아니었다.

나는 남보다 일찍 군에 갔다. 학교를 다니지 않는 대신 군대라도 일찍 다녀와야겠다는 생각도 있었지만, 사실은 복희가 해외로 진출하게 되어 있을 데가 없어진 것이 가장 큰 이유였다. 궁여지책으로 군대는 가야겠는데 육군은 어려서 못 가고, 공군과 해군은 학력에서 걸리고, 남은 데는 해병대밖에 없었다. 결국 나는 해병대 군악대에 지원했다.

입대 허락이 떨어지고 소집일 전날 일찌감치 머리를 박박 밀고 진해로 떠나는 입영 열차를 타러 용산역으로 향했던 기억이 지금도 생생하다. 복희와 친구 몇몇의 배웅을 뒤로 하고 신이 나서(?) 열차에 올라탔지만, 막상 진해 훈련소에 도착해 보니 내가 제일 막내였다. 훈련은 생각보다 훨씬 혹독했지만, 군악대에 가겠다는 확실한 목표가 있었기 때문에 견뎌낼 수 있었다. 당시에는 훈련이 끝난 뒤, 군악대 선배님들을 찾아가 과자를 얻어먹는 것이 큰 낙이었다. 대부분 사회에서 음악 활동을 하다가 오신 분들이라 나보다 연배가 훨씬 위여서 그런지 그분들은 나를 친동생처럼 사랑해 주셨다.

훈련을 마치고 나는 포항에 있는 해병대 군악대에 배치되었다. 그곳은 유독 신병이 귀했다. 고참들은 우리를 보고 환호성을 지르며 좋아했지만, 신병들의 시집살이는 정말 죽을 맛이었다. 고생스럽게 백일을 지내고서야 겨우 휴가를 받아 첫 외박을 허락받을 수 있었다. 마침 그때 복희가 잠깐 한국에 다니러 온 참이었다. 어찌나 보고 싶었던지 나는 하루짜리 외박증을 끊고 나가서 서울행 기차를 타고 말았다. 그것이 사단이었다.

해병대 시절 전우들과 함께

오랜만에 만난 복희는 얼굴이 아주 못쓰게 된 것이, 너무 힘들어 보였다. 그런 복희를 두고 차마 발이 떨어지지 않아서 조금만 더 있다 가자, 하다가 그만 귀대 시간을 넘기고 말았다. 얼떨결에 나는 탈영병이 되고 말았다. 몇 번이나 귀대를 시키려고 상급자들이 찾아왔으나 그때마다 도망을 치다 보니 나중에는 돌아가고 싶어도 돌아갈 수가 없는 형국이 되었다.

결국 오갈 데 없는 수배범이 되어 허랑방탕하게 시간만 보냈다. 예전에 다니던 쇼단에 다니며 음악 공부를 한다고 했지만 제대로 될 리가 없었다. 당시 나는 복희가 어렵게 마련해준 드럼을 술값으로 팔아먹을 정도로 엉망이었다.

그러던 중에 갑자기 5·16 군사정변이 일어나면서 검문은 더욱 강화되었고, 나는 집에서 꼼짝도 할 수 없었다. 하루하루가 힘겨워질 무렵, 하루는 복희가 숨 가쁘게 허겁지겁 들어와 나를 붙잡고 말했다.

"오빠, 오빠! 지금 탈영병들 자수기간이래. 이번에 자수하면 죄를 가볍게 해 준대. 오빠, 얼른 자수해!"

정신이 번쩍 들었다. 주변에서도 이번 기회를 놓치면 영영 사람 구실 못한다고 적극적으로 자수를 권했다. 나는 겨우 용기를 내어 포항으로 내려갔다. 가는 내내 가슴이 두근거리고 손에 땀이 찼다. 그렇게 도망을 다녔으니 돌아가면 어떤 체벌을 받게될지 짐작도 할 수 없었다. 나는 거의 죽기를 각오하고 눈을 질끈 감은 채 사단으로 들어갔다.

"하나님, 살려주세요!"

그때 전혀 예상치 못한 놀라운 일이 일어났다. 고참들은 오히려 그동안 얼마나 마음고생이 심했냐며 나를 위로해 주었고, 동기들도 나를 따뜻하게 맞아 주었다. 나중에 알았지만 군악대 대원들은 나 때문에 기합도 많이 받고 외출도 금지 당했다고 한다. 뿐만 아니라 내가 탈영한 열 달 동안 군악대에는 아예 신병이 오지 않았다. 전부 상병을 달고 있는데 아직도 이등병처럼 지내야 했으니 동기들의 고생은 이루 말할 수 없었으리라. 그런데도 그들은 아무것도 묻지 않고 나를 용서해 주었다.

그것은 내 인생에서 처음 맛보는 용서였다. 내가 군 생활을 떠올릴 때마다 마음이 따뜻해지는 것은 아마도 그 경험 때문일 것이다. 누군가가 나를 전적으로 용서해 주었을 때 느꼈던 그 해방감. 벅찬 감사와 새로운 다짐을 하면서 죄의 굴레로부터 벗어났다는 확신. 그것이 은혜라는 사실을 나는 먼 훗날에야 깨달았다.

그 후 나는 정식 군법재판을 받았다. 한 달이나 헌병대 유치장에 갇혀서 고생도 많이 했지만 오히려 마음은 날아갈 것처럼 가벼웠다. 집행유예로 나머지 군 생활을 정상적으로 할 수 있게 되자 나는 누구보다도 열심히 군대 생활을 했다. 동기들에게 폐를 끼친 만큼 앞으로는 잘 하겠다고 단단히 결심했기 때문이다. 짧은 기간이었지만 군대는 나에게 용서와 책임에 대해 가르쳐 준 좋은 인생 학교였다.

너는 꼭 예수를 믿어라

🎼 나는 지금도 방송에 나가면 군대 가서 정말 행복했다고 말한다. 그냥 하는 말이 아니라 진짜다. 어려서부터 늘 먹는 것, 자는 것을 걱정하며 지냈는데 군대에서는 그것을 다 해주니 그렇게 좋을 수가 없었다. 의식주를 책임져주는 것은 물론, 담배와 건빵도 주고 거기다 적지만 용돈까지 주는데 얼마나 신이 났겠는가. 게다가 군악대라 음악 공부도 할 수 있었다. 해병대답게 훈련은 고되었지만 나는 아직까지도 군대 시절을 내 인생에서 가장 아름답고 소중한 시간으로 기억하고 있다.

그 무렵 동기 중에 군종병으로 온 친구가 있었다. 같은 졸병인데다가 대화도 잘 통해서 그 친구와 친해졌다. 그런데 이 친구가 틈만 나면 교회를 가자고 하는 것이 아닌가. 그 시절 내 마음은 이미 교회로부터 멀어질 대로 멀어진 상태였다. 처절할 만큼 하나님한테 매달리던 어머니가 그렇게 세상을 떠나시고, 아버지가 개과천선하시고 기도하며 돌아가셨다고 하지만 나는 하나님을 믿을 수 없었다. 하나님은 나에게 아무것도 해 준 것이 없었다.

그래도 내게 여러 모로 마음을 써주고 잘 해주는 군종병 친구의 권유를 마냥 무시할 수는 없어서 교회에 나가기 시작했다. 신기하게도 막상 예배당에 나가보니 그렇게 마음이 편할 수가 없었다. 친구와 함께 예배를 드린다는 자체로 왠지 마음이 따뜻해지고 안심이 되었다. 때로는 목사님의 설교 말씀을 듣는 중에 가슴이 뭉클할 때도 있었다.

그도 그럴 것이 나는 너무 외로웠다. 하나 뿐인 혈육인 복희마저 외국으로 공연 다니느라 면회 한 번 못 오는 상황이었다. 사람이 그립고 누군가의 관심이 간절히 필요했다. 가끔씩 불침번을 설 때면 세상에 나뿐인 듯한 적막감에 사로잡혀 두려움에 떨면서 혼자 훌쩍거리기도 했다.

군종병 친구는 그런 내 사정을 알고 부대 교회에서 사병들을 차출할 일이 생길 때마다 나를 불렀다. 일요일이면 그 친구와 종일 같이 있을 수 있고, 교회에 가 있으면 다른 잡무에서도 해방되었으므로 나로서도 좋은 일이었다. 조금씩 연차가 쌓이면서 그 친구는 나를 아예 교회사역병으로 요청했다. 나는 주일이면 아침 일찍 부대 교회에 가서 온종일 그 친구와 지내면서 저녁 예배까지 다 드린 뒤, 돌아오곤 했다. 그러나 교회 문턱만 밟고 왔다갔다 할 뿐 아직 믿음의 씨앗은 하나도 자라지 않았다.

그 친구가 나를 붙잡고 했던 이야기 중에 지금도 잊히지 않는 것이 있다. 그 친구도 집안 문제와 여러 가지 이유로 힘든 성장기를 보냈는데, 우연히 알게 된 예수님이 자신의 삶을 바꾸어 놓았다고 했다. 모든 어려움이 한꺼번에 없어진 것은 아니었지만, 자신은 그런 가운데서도 희망을 갖고 살게 되었노라고 고백하면서 내게 복음을 전했다.

"항기야. 네가 지금 얼마나 힘드니? 너는 이 세상에 혼자 아니냐? 아무데도 의지할 곳 없는 너 같은 사람일수록 꼭 예수를 믿어야 한다. 너 같은 친구는 마음 단단히 먹지 않으면 잘못되기 쉽다. 항기야! 너는 꼭 예수를 믿어야 한다."

그 친구는 진심으로 나를 걱정하며 간절히 권했다. 하지만 나는 귀담아 듣지 않았다. 그래도 군 생활 내내 주일마다 교회에서 지내며 부정적이었던 생각들은 조금씩 변해갔다. 무엇보다 나는 오랫동안 마음에 걸려 있던 짐 하나를 해결할 수 있었다. 공부를 시작한 것이다.

공부할 형편이 안 되어 학업을 중단하긴 했지만, 중학교밖에 나오지 못했다는 사실은 늘 나를 움츠러들게 했다. 그래서 해병대에서 복무를 하는 동안 틈틈이 공부하며 대입검정고시를 준비했다. 전쟁 중에 몇 번이나 전학을 하며 초등학교를 다니고, 중학교도 다니는 둥 마는 둥 했으니 공부가 쉽지는 않았다. 힘들고 어려웠지만 대입검정고시에 합격한 날의 기쁨은 이루 말할 수 없었다.

내친 김에 대학까지 가기로 작정하고 포항에 있는 수산대학의 야간학과에 진학했지만, 군 생활과 병행하기는 무리였다. 아무리 고참이지만 사병 주제에 매일 핑계를 만들어 외출하는 것도 어려운 일이었고, 책값과 학비 그리고 공부할 시간도 턱없이 부족했다. 모든 것이 내게는 부담스러운 것들이었다. 그럭저럭 1년을 버티다가 공부를 접어야 했을 때는 얼마나 아쉬웠는지 모른다. 하지만 하나님은 그로부터 30년 뒤 나를 교회음악 박사로 세워 주셨다. 그때 포기했던 것과는 비교할 수 없이 좋은 것으로 갚아 주신 것이다.

1963년, 나는 드디어 제대를 했다. 비록 제대와 함께 그곳을 떠났지만 이후에도 포항만 가면 그렇게 반갑고 신이 날 수가 없었다. 나에게 군대란 무엇과도 바꿀 수 없는 소중한 추억이었다.

돌이켜 보면 어린 나이에 군에 가서 탈영까지 하는 사고를 치고도 아무 탈 없이 잘 마칠 수 있었다는 것 자체가 기적이었다.

철없이 방황하던 윤항기는 많은 이들의 배려와 사랑으로 몸과 마음이 자라 비로소 어른이 될 수 있었다. 그것은 전적으로 주님의 은혜였다. 주님의 도우심이 아니었던들 어떻게 그 모든 일들이 가능했을까. 깨닫지 못했지만 그 시절 나는 하나님의 날개 그늘 아래 보호받고 쉼을 누리고 있었다. 하지만 그 날개를 타고 어디로 가야 할지는 모르고 있었다.

새로운 세계의 열쇠, '키보이스'

🎼 이제 내가 활동했던 '키보이스'의 이야기를 하려 한다. 사람들이 잘 모르고 있지만 '키보이스'는 '한국 최초'라는 수식어를 몇 개나 달고 있는 그룹이다. 한국 최초로 록 음반을 낸 그룹도 '키보이스'였고, 방송 출연을 처음으로 한 그룹도 '키보이스'였다. 단독 야외공연도 '키보이스'가 최초였고, 최초의 오빠 부대도 '키보이스'의 팬들이었다. 한국 대중음악에서 '키보이스'의 의미는 단순한 그룹의 탄생을 넘어서 새로운 음악 세계의 문을 여는 열쇠 같은 것이었다.

제대 후 나는 본격적으로 음악을 하기 위해 그룹을 만들었다. 그때까지 한국에는 미군을 대상으로 하는 하우스밴드는 있었어도 보컬을 중심으로 하여 제대로 된 록을 연주하는 그룹 사운드라는 것이 없었다. 당시 세계적으로 '비치보이스'나 '다이아몬드' 같은 그룹들이 유행하고 있었다. 나는 그들을 보면서 저런 음악을 해 보고 싶다는 생각에 마음 맞는 친구들을 모아 연습을 하기 시작했다. 그때 모인 이들이 나와 유희백, 차중광과 옥성빈이라는 친구였다. 하나같이 재능 있고 열정이 가득한 친구들이었다.

우리가 하려는 음악은 한국에서는 처음 시도되는 것이었기 때문에 어려움도 많았다. 선배들은 우리의 실험을 격려해 주기는커녕 헐뜯고 기를 죽이기 일쑤였다. 하지만 그 중에서도 이봉조 선배님이나 길옥윤 선생님 같은 분들은 오히려 크게 격려해 주셨다.

"우리가 하고 싶은 음악을 너희가 하는구나. 너희들은 분명 성공할 거다!"

아무리 방음을 해도 시끄러운 음악소리가 창문을 넘어 새어나가 쫓겨나기 일쑤였다. 한번은 녹번동 사촌 누님 댁에서 연습을 하다가 동네에서 민원을 넣어 쫓겨난 적도 있었다. 그래도 우리는 절체절명의 심정으로 열심히 연습했다. 다 떨어진 차림에 도시락을 싸갖고 다니면서도 힘든 줄을 몰랐다. 담배꽁초를 서로 주워 피우려고 티격태격할 만큼 가난하고 고생스러운 시절이었지만, 지금 돌아보면 모두 아름다운 추억이다.

그런 와중에도 당시로서는 희귀했던 전기 악기도 하나씩 구비해 연습하면서 점차 그룹 사운드의 면모를 갖추게 되었다. 하지만 말이 전기 악기지, 지금 생각해 보면 잡동사니를 모아 연주를 한 것이나 다름이 없었다. 고물상에서 구한 놋대야를 펴서 드럼의 심벌즈로 쓰고, 앰프가 없어 사과궤짝에 중고 스피커들을 우겨 넣고 도배지를 발라 앞을 가렸다.

얼마 지나지 않아 실력을 인정받은 우리는 미8군을 무대로 쇼 비즈니스 사업을 하고 있던 송영란의 어머니 눈에 들었다. 송영란으로 말하면 이미 미8군에서 이름을 날리던 가수로 어려서부터 복희와 듀엣 활동을 한 사이였다. 또한 그 어머니는 우리 어머니의 친구로 오래전부터 우리 남매를 돌봐주신 양어머니 같은 분이셨다. 송영란의 어머니는 모르는 미군 장교가 없을 정도로 그 방면에 실력자셨다. 그런 분이 이미 스타인 당신 딸과 우리를 한 팀으로 묶어서 매니저를 자처하고 나선 것이다.

송영란의 어머니는 단순한 사업상의 매니저가 아니었다. 그분은 우리를 합숙 훈련까지 시켰고 당대 최고의 음악인들에게 음악을 배울 수 있도록 도와주셨다. 내가 훗날 작곡을 할 수 있게 된 것도 다 그때 한 공부 덕이었다. 그분의 든든한 후원으로 우리는 유희백 대신 김홍탁을 받아들였고, 보컬로 차중락을 충원했다. 김홍탁은 어려서부터 인천에서 미군 하우스밴드 활동으로 잔뼈가 굵은 기타리스트였고, 차중락은 엘비스 프레슬리 노래를 기가 막히게 부르는 미남이었다. 이렇게 해서 '키보이스'가 탄생하였다.

우리는 미8군에서는 송영란과 함께 '락앤키' 즉 '자물쇠와 열쇠'로 패키지 쇼를 했고, 일반 국내 무대에선 남자들만 '키보이스'라는 이름으로 활동했다. 송영란의 어머니는 우리가 한창 물이 올랐을 때, 그 시절로는 파격적이라 할 수 있는 일본 진출을 제안하셨다. 그것은 분명 대단한 기회였다. 그러나 이미 가정이 있거나 여러 가지 사정으로 인해 한국을 떠날 수 없었던 우리는 결국 '키보이스'로 남기로 결정했고, 송영란만 오사카로 떠났다. 그렇게 송영란과 그 어머니와는 헤어졌지만, 지금도 그분을 생각하면 말할 수 없는 고마움을 느낀다.

그 시절, 나는 또 한 분의 은인을 만났다. 미8군 무대는 패키지 쇼였기 때문에 간단한 코미디나 쇼맨십이 필요했는데 우리 팀에서는 내가 그것을 주로 했다. 그때 나를 가르쳐 주신 분이 바로 원맨쇼의 달인이셨던 후라이보이 고故 곽규석 선배님이셨다. 그분은 아버지의 후배로 특별히 나를 아껴 주시고 많은 도움을 주셨다.

사람의 일은 참으로 알 수 없는 것이어서 곽규석 선배님은 후에 목사가 되어 많은 연예인들을 그리스도인의 길로 인도하셨고,

나 역시 목사가 되었다. 그분을 통해 내 동생 윤복희, 배우 신영균과 고은아, 강효실, 코미디언 구봉서, 가수 허림과 훗날 목사가 된 이종용 등 수많은 연예인들이 감화를 받았다. 지금도 가장 존경하는 선배님이 누구냐고 물으면 늘 고 곽규석 선배님이라고 대답할 만큼 그분은 내게 사표가 되는 분이시다.

'키보이스'는 한국 대중음악에 한 획을 그은 변화를 열었을 뿐 아니라, 내 인생에 있어서도 새로운 문을 여는 열쇠가 되었다. 키보이스를 통해 나는 음악이 무엇인지 배웠고, 젊은 시절의 열정은 목표를 찾았다. 그리고 덤으로 좋은 사람들을 얻었다. 아무것도 없는 빈손이었지만 주먹만 쥐어도 세상을 쥐고 있는 것 같은 벅찬 감동이 그때는 있었다. 꿈이 있어 행복했고, 그것만으로 충분하다고 생각했다. 이대로 좋다고 생각했다. 그러나 그 마음이 점차 부풀어 눈앞의 모든 세계를 오색 무지개로 물들일 즈음, 놀랍게도……꿈은 이루어졌다.

한국의 '비틀스'

'키보이스'의 구성원은 한 사람 한 사람 모두 대단한 실력자였다. 하지만, 그때는 다들 신인이어서 미8군 오디션을 얼마나 떨면서 준비했는지 모른다. 그도 그럴 것이 그 오디션은 당시 최고의 무대였고, 기라성 같은 선배들도 늘 긴장하지 않으면 안 될 정도로 쟁쟁한 실력자들만 모이는 곳이었기 때문이다. 그러나 얼마 지나지 않아 우리는 미8군 오디션에서 최고등급인 더블에이AA를 받으면서 화려하게 데뷔했고, 1964년 7월에는 〈그녀 입술은 달콤해〉라는 제목의 첫 앨범까지 냈다. 그것은 한국 최초의 록 밴드 앨범이었다.

쟈켓 사진을 보면 모두 정장차림에 악기를 들고 단정하게 서 있는 모습이다. 당시 선풍을 일으키고 있던 '비틀스'의 의상과 컨셉을 모방한 것이었다. 사실 우리가 '비틀스'의 엄청난 팬이기도 했다. '비틀스' 노래로 앨범을 따로 만들기도 했을 정도였으니 말해 뭣하랴.

'비틀스'가 전세계를 강타했던 것처럼 당시로서는 파격적이었던 '키보이스'의 록 비트와 쟁쟁한 사운드는 한국의 젊은이들을 사로잡았다. 그들은 이전에 볼 수 없었던 열정적인 무대 매너와 최신 외국 곡을 우리 식으로 감칠맛 나게 불러대는 '키보이스'의 음악에 열광했다. 우리는 자고 일어나자 갑자기 스타가 되었다. 요샛말로 하루아침에 뜬 것이다.

〈정든 배〉, 〈해변으로 가요〉 등 '키보이스'의 히트곡 외에도 수

많은 번안곡들. 그 중에서도 나는 서양가수들 모창을 기가 막히게 불러서 인기가 좋았다. 특히 내가 멋대로 '얼레꼴레'라고 바꾸어 불렀던 〈울리 불리 Wooly Bully〉는 쇼를 할 때 그 곡을 부르지 않으면 난리가 날 정도였다. 당시 시민회관(세종문화회관의 전신)에서 '키보이스'의 공연을 하는 날이면 표를 구하려는 사람들로 시청에서 광화문까지 인산인해를 이루었다.

부산에서 공연초청이 들어왔을 때의 일이다. 갑자기 매니저 송재일 씨가 우리를 불렀다.

"야! 우리 이번 부산 공연은 전세 비행기로 가자! 이목도 끌고 우리 인기도 좀 과시하고."

우리는 신이 나서 당장 비행기를 빌려 부산으로 내려갔다. 다들 처음 타 보는 비행기인지라 흥분해서 어쩔 줄 몰랐는데, 공항에서는 더 대단한 일이 기다리고 있었다. 공항 입구에 걸린 현수막에 "환영! 한국의 '비틀스', 부산에 오다!"라고 찍혀 있고, 악대와 환영인파가 우리를 맞이하고 있지 않은가.

그날 우리는 부산 시민들의 환영을 받으며 도심까지 카 퍼레이드를 해야 했다. 사람들이 우리를 향해 환호하며 몰려드는 것을 보며 구름 위에 둥둥 떠 있는 것 같고, 자신이 특별한 사람이 된 것 같은 착각에 빠졌다. 순간이었지만, 어린 시절, 아버지가 등장하면 사람들이 알아서 길을 열어 주던 것들이 생각났다. 그 때 비로소 실감했다.

'이것이 스타라는 것이구나! 이것이 인기라는 것이구나.'

하지만 영광은 길지 않았다. 영원히 함께할 것 같았던 '키보이

'키보이스' 시절, 멤버들과 함께

스'는 차중락이 솔로로 독립해 나가고, 김홍탁이 훗날 '히식스He6'가 된 '히파이브He5'라는 그룹을 만들어 나가면서 갈라졌다. 차중락은 이후 〈낙엽 따라 가버린 사랑〉을 대히트시키면서 가수왕의 자리까지 올랐고, 김홍탁은 기타리스트로서 한국 록의 한 장을 장식했다. 그리고……나 역시 얼마 뒤 '키보이스'를 탈퇴하고 멀리 동남아와 베트남으로 떠나게 됐다. 그 뒤로도 '키보이스'는 멤버를 바꿔가며 1970년대 초반까지 활동을 계속했다. '키보이스'의 이미지는 그만큼 강렬하고 독보적인 것이었다.

나는 '키보이스'를 통해 음악이라는 꿈을 이루었고 덤으로 인기까지 얻었다. 그러나 아무리 드럼을 치고 목청껏 노래해도 어찌 할 수 없는 무엇이 내 안에 있었다. 미친놈처럼 무대에서 펄쩍

펄쩍 뛰다가도 숙소에 돌아와 자려고 누우면 천정의 어둠이 나를 내리누르는 것처럼 답답했다. 귓전에 끊임없이 음악이 울리는데도 노래가 되어 나오지 않고 내 가슴에 응어리져 돌로 얹혀졌다. 그 돌이 아프고 무거워서 몸부림치며 스스로를 괴롭히기도 했지만 어찌할 수 없었다. 나는 그 돌을 안고 구르다가 뜬눈으로 아침을 맞이하곤 했다.

그것은 지독한 외로움이었다. 나에게도 얼굴을 맞대고 따뜻한 체온을 느끼며 이야기를 나눌 누군가가 절실하게 필요했다. 그러나 복희는 너무 멀리 있었고 부모님은 세상을 떠나신 지 오래였다. 모두 볼 수 없는 사람들이었다.

오래지 않아 '키보이스' 시절은 막을 내렸지만, 내 인생은 완전히 달라져 있었다. '키보이스'가 내게 준 가장 큰 선물은 인기도 아니었고 돈도 아니었다. 그것은 다름 아닌 한 사람이었다. 죽을 만큼 외로웠던 그 시절의 나에게 보고 만지고 따뜻한 사랑을 나눌 수 있는 유일한 단 한 사람. 끊임없이 사랑을 거부하는 나를 끝까지 기다려 주고 마침내는 죽음에서 건져준 사람. 아내를 만난 것이다. 1965년 겨울의 일이었다.

나의 아내, 정경신

만남
둘만의 결혼식
눈물의 신혼생활
포화 속에 울린 찬송가
폐결핵에 걸려 돌아오다

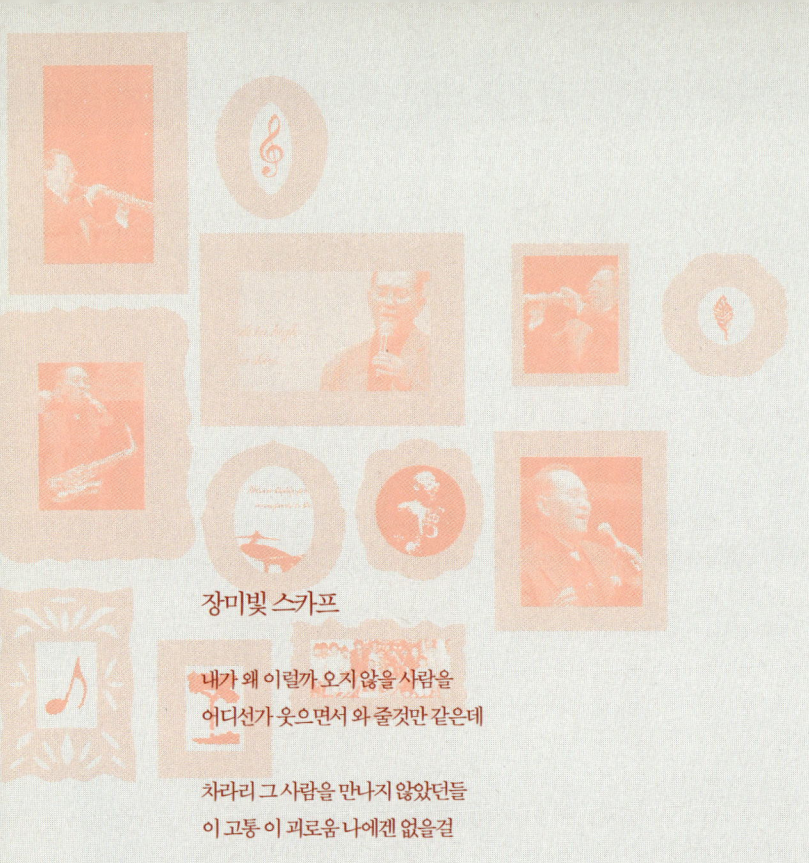

장미빛 스카프

내가 왜 이럴까 오지 않을 사람을
어디선가 웃으면서 와 줄것만 같은데

차라리 그 사람을 만나지 않았던들
이 고통 이 괴로움 나에겐 없을걸

장미빛 장미빛 스카프만 보면은
내 눈은 빛나네 걸음이 멈춰지네

허전한 이 마음을 어떻게 달래보나
내게서 떠나버린 장미빛 스카프

만남

🎼 나는 여복이 많은 사람이다. 어찌나 여복이 많은지 내 인생에는 여자가 셋이나 있다. 그 중 첫 번째는 어머니이고, 다음이 동생 복희다. 그리고 세 번째 여자가 바로 나의 아내 정경신이다. 그 아내를 통해 또 딸을 넷이나 얻었으니 여복 하나는 타고난 것이 틀림없다. 세 사람 모두 더 없이 소중하지만, 그 중에서도 아내를 생각하면 지금도 눈물이 날 만큼 고맙고 사랑스럽다. 나는 아내를 통해 사람답게 살게 되었고, 하나님과 사랑을 배웠다.

1965년 겨울, 우리는 우미관에서 공연을 하고 있었다. 몹시 추운 날이었다. 당시 가수나 그룹들은 미8군 공연 외에도 내국인을 위한 극장 쇼를 자주 했는데, 우미관도 그 중 하나였다. 공연은 1부와 2부로 구성되었고 그 사이의 막간 휴식 시간에 팬들이 선물을 전하거나 지인을 통해 대기실로 찾아오곤 했다. 그날도 멤버 중 하나였던 차도균이 어디선가 아가씨 몇 명을 데리고 들어왔다.

"이리 들어오세요. 여기는 내 사촌동생 영희하고 영희 친구들이야. 모두 인사들 해라."

차도균의 사촌동생이 한 사람 한 사람 소개를 하는데 저 구석에 숫기 없이 서 있는 아가씨가 시선을 끌었다. 유난히 하얀 얼굴에 가냘픈 몸매, 섬세하게 자리 잡은 이목구비가 청순하고 예뻤다. 고개를 못 들고 있는 것을 보니 이런 데가 처음인 것 같았다. 추위에 빨갛게 익은 귓불에 자꾸 눈이 갔다. 무관심한 척 했지만 가슴은 벌써 두근거리고 있었다. 그녀의 이름은 정경신이고 숙명여대 가정과 1학년이라고 했다. 말 한마디 못 붙이고 눈치만 보다가 2부 공연 시간이 다 되었다.

"2부……2부 공연도 보실 거죠?"

모두 그러겠다고 했지만 나는 그녀가 얼굴을 붉히며 고개를 끄덕이는 것을 보고서야 자리를 뜰 수 있었다. 그녀가 열심히 박수치며 웃는 것을 보니 나도 모르게 더 신이 나서 공연 내내 펄펄 뛰었다. 공연을 마치고 땀을 비 오듯 쏟으며 무대 뒤로 가니 그녀와 친구들이 귤을 준비해서 기다리고 있다가 우리에게 건네주었다. 나는 일부러 그녀의 손에서 귤을 집어 들고 인사했다.

"고맙습니다."

그녀의 빨간 귓불이 더욱 붉어졌다. 뭐라고 말을 해야 하는데 나도 우물쭈물하고 있었다. 헤어질 때가 다 되어서야 겨우 데이트 신청을 할 수 있었다.

"저……정경신 씨. 우……우리, 다시 만날 수 있을까요?"

긴장을 해서인지 평소보다 말을 더 더듬었다. 그녀는 말을 더 듬는 내가 재미있는지 배시시 웃었고, 나는 때를 놓치지 않고 약속을 잡았다.

그녀와 나의 만남은 그렇게 시작되었다. 다복한 집안의 셋째 딸답게 사랑스럽고 따뜻해서, 그녀를 보고 있으면 마치 봄날의 햇살을 보는 것 같았다. 함께하는 겨울 내내 내 마음은 봄이었고, 그 미소 덕분에 추운 줄을 몰랐다.

그러나 우리의 연애는 그다지 낭만적이지는 않았다. 명색이 가수인데 나는 그 흔한 이벤트는 고사하고 분위기 좋은 곳에서 밥 한 번 제대로 사주지 못했다. 연습 때문에 합숙을 하고, 공연을 위해 미군 부대가 있는 경기도 일대를 떠돌아다녀야 했기 때문에 우리의 데이트는 주로 군용 트럭이나 군부대에서 이루어질 수밖에 없었다.

"선생님. 다음 공연은 어디에요?"

나이 차이는 여섯 살밖에 나지 않았지만, 그녀는 나를 꼭 선생님이라고 불렀다.

"문산인데……. 또 트럭을 타고 갈 것 같아. 춥고 힘들어서 어떡하지?"

"따뜻하게 입으면 돼요. 걱정 마세요. 전 선생님만 계시면 어디든 좋아요."

어린아이처럼 눈을 빛내며 웃는 그녀 앞에서 나는 말문이 막혔다. 난방도 안 되는 트럭을 타고 먼지가 풀풀 날리는 비포장도로를 몇 시간이고 덜컹거리며 달리는 것이 왜 고생스럽지 않겠는가. 추워서 손에 입김을 호호 불면서도 괜찮다고 내 마음을 편안하게 해 주려고 웃는 그녀의 귓불은 여전히 붉었다. 나는 오들오들 떠는 그녀의 작은 어깨가 안쓰러워 군용 담요로 꽁꽁 싸주었다. 새처럼 종알거리는 그녀의 말을 음으로 만들어 노래를 부르며 가다보면 아무리 험한 길도 즐겁기만 했다. 그때였다.

"선생님, 보세요. 눈이 내려요! 너무 예뻐요."

트럭에서 내려보니 정말 눈이 오고 있었다. 펄펄 내리는 함박눈을 보면서 그녀는 어린아이처럼 좋아했지만, 나는 그만 입을 다물었다. 나는 눈이 정말 싫었다. 어려서 명동에서 지낼 때, 얇은 단벌옷에 눈을 맞고 나면 몸이 젖어 사시나무 떨듯 떨어야 했다. 그대로 밤새 추위에 떨다가 얼어 죽을 고비를 넘긴 것이 몇 번이었던가. 나에게 눈 내리는 밤은 생사가 오가는 고통스러운 시간이었다. 내리는 눈이 피부에 닿을 때마다 바늘에 찔리는 것처럼 아프고 시렸다.

나는 그녀에게 처음으로 나의 과거에 대해 이야기했다. 쉬운 이야기는 아니었지만, 왠지 그래야만 할 것 같았다. 더듬거리면서 한참동안 천천히 이어지는 이야기들을 그녀는 가만히 듣고 있었다. 나는 비참한 어린 시절과 어머니와 아버지를 차례로 여읜 후 얼마나 힘들게 살아왔는지 솔직히 이야기했다. 그리고 그녀에게 고백했다.

"나……나는 경신이가 생각하는 것처럼……멋있는……사람이 아니야. 나는……"

그때였다. 그녀가 두 손으로 차갑게 식은 내 손을 꼭 감싸주었다. 작은 손이었지만 따뜻했다. 너무 따뜻해서 그 손에 쏙 들어가고 싶을 정도였다. 누군가 내게 이렇게 말하는 것만 같았다.
"괜찮아, 내가 네 곁에 있을게. 괜찮아."
이상하게도 그 순간, 나는 눈을 맞고 있다는 사실을 까맣게 잊어버렸다. 그리고 어느새 그녀의 손을 잡고 눈을 맞으며 함께 걷고 있었다. 눈길 위로 우리 둘의 발자국이 나란히 찍혀갔고, 그 위로 또 소복하게 눈이 쌓였다. 지나온 발자국들은 어느새 사라져버리고, 보이는 모든 것은 오직 새하얀 백지 같은 새로운 세상이었다. 그 앞에서 나는 그녀의 손을 더 꼭 잡았다.

둘만의 결혼식

🎼 그날도 평소처럼 그녀를 기다리고 있었다. 그런데 아무리 기다려도 그녀가 오지 않는 것이었다. 한 번도 그런 일이 없었던 터라 걱정이 되었다. 다음날 공연장을 찾아온 그녀의 얼굴은 어둡고 힘이 없었다.

"얼굴이 왜 그래? 어디 많이 아픈 거야?"

말이 끝나기가 무섭게 그녀는 내 어깨에 얼굴을 묻고 울음을 터뜨렸다. 부모님은 물론 온 가족이 나와의 교제를 반대하며 못 만나게 한다는 것이다. 그녀의 집안이 엄격한 것은 알고 있었다. 사실 나는 그녀에게 전혀 어울리지 않는 상대였다. 그녀의 아버지는 광산업을 하는 사업가로 상당히 부유했고, 집안 분위기는 아주 보수적이었다. 그런 집에서 금지옥엽 기른 딸이 나 같은 '딴따라'를 만나고 다닌다니, 가당키나 한 일인가. 게다가 나는 부모도 없는 고아에, 학력도 변변찮고, 가진 것도 없는 무일푼이었다.

하지만 그녀의 마음은 확고했다. 아무리 집안의 반대가 심해도 그녀는 흔들리는 법이 없었다. 흔들리는 것은 오히려 나였다. 너무 시달리는 그녀를 보는 것도 힘들었고, 이렇게까지 하면서 그녀를 잡아야 하는지 확신도 없었다.

"경신아. 난 걱정 돼. 부모님이 그렇게 싫다고 하시는데…… 우리가 잘 될 수 있을까?"

내가 자신 없어하며 물러날 때마다 그녀는 더 바짝 다가왔다.

"선생님. 선생님은 제가 싫으세요? 그런 게 아니라면 그런 말씀 하지 마세요. 저는 선생님이 싫다고 하기 전에는 절대로 선생님 곁을 떠나지 않을 거예요."

그때 그녀가 그렇게 나를 믿어주지 않았거나, 자신의 사랑을 지키지 않았더라면 우리는 그대로 헤어졌을 것이다. 아무것도 가진 것 없이 빈털터리나 다름없는 내가 무슨 염치로 그녀를 잡을 수 있었겠는가. 마디마디 곱지 않은 데가 없는 그녀를 보면서 나는 마르고 거친 나의 몸과 마음이 부끄러웠다. 때로는 저렇게 고운 사람이 나 때문에 망가질까봐 걱정이 되기도 했다. 하지만 그때마다 그녀는 오히려 나를 위로해 주고 잡아 주었다. 어느새 내 마음에서 '정경신'이라는 여자는 누구도 대신할 수 없는 소중한 사람이 되어 있었다. 이제는 나 역시 그녀 없이는 못살 것 같았다.

그러던 어느 날, 기어이 일이 터지고 말았다. 모처럼 시간이 나서 그녀와 함께 데이트를 하다가 깜박 통행 시간을 넘긴 것이다. 우리는 그만 발이 묶여 엉겁결에 밤을 같이 보내고 말았다. 다 큰 처녀가 남자와 밖에서 밤을 지냈으니, 그녀의 집에서 가만히 있을 리가 없었다. 다음날 통금이 풀리자마자 새벽같이 집에 들어간 그녀는 오빠에게 머리를 몽땅 잘리고 말았다. 그런데도 그녀는 포기하지 않았고, 머리에 스카프를 쓴 채 집을 나왔다.

나는 그녀의 몰골을 보고 할 말을 잃었다. 머리카락만 잘린 것이 아니라 얼굴도 엉망인 것이 이대로 집으로 들여보내선 안 되겠다 싶었다. 나같이 보잘것없는 사람이 뭐가 좋다고 이런 험한 꼴을 당했나 싶어 가슴이 먹먹했다. 그 꼴을 당하고도 또 나를 만나겠다고 집을 나오다니. 귓가에 "선생님만 계시면 어디든 좋아요."라는 그녀의 음성이 귀에 쟁쟁 울렸다. 나도 모르게 눈물이 맺혔다. 나는 그녀를 꼭 끌어안았다.

"경신아. 우리, 결혼하자. 아무것도 없는 나라도 괜찮다면……결혼하자."

결혼은 내가 그녀를 지키기 위해 할 수 있는 유일한 선택이자 최선이었다. 그렇게 우리는 둘만의 결혼식을 올렸다. 지금은 고인이 되신 대영 프로덕션 최남식 사장님께서 주례를 봐주셨고, '키보이스'의 멤버들과 매니저인 송재일 선생이 하객으로 참석해서 축하해 주었다. 아무것도 박혀있지 않은 실가락지를 나누어 끼고, 우리는 부부가 되었다. 그날로 그녀는 집에 들어가지 않았고 학교도 그만 두었다.

돌이켜 보면 그때 나는 불과 스물네 살로 한 가정을 책임지기에는 너무 어리고 철이 없었다. 그녀를 사랑하고 지켜주고 싶어 결혼했지만, 나는 불안했다. 제대로 된 가정에서 자라지 못한 내가 좋은 남편과 아버지가 될 수 있을지 자신이 없었고, 아버지처럼 될까봐 두려웠다. 아버지처럼 살지 않겠다고 몇 번이나 다짐했지만, 아무도 어떻게 살아야 하는지 가르쳐 주지 않았다.

그렇게 시작한 결혼 생활은 새로 이사 간 집처럼 어색하고 낯설었다. 때로는 부담스럽기도 했고, 이 모든 일들이 현실이 아닌 것처럼 느껴지기도 했다. 하지만 힘든 과정 가운데서도 그녀의 사랑은 한결같았고, 나 역시 그런 그녀가 고맙고 사랑스러워서 더욱 잘 해주려고 애를 썼다. 아무것도 없이 출발한 우리의 결혼은 그녀의 헌신으로 조금씩 자리를 잡아갔다.

눈물의 신혼생활

🎼 우리 둘의 신혼집은 보잘것없는 이태원 골목 여인숙의 방 한 칸이었다. 우리는 그곳에서 소꿉장난하듯 신접살림을 차렸다. 당시 내 월급이 5만 원이었는데, 쌀 한 가마에 8천 원 남짓 되었다. 방세를 주고 이리저리 생활비를 떼고 나면 남는 것이 없어서 우리는 매일 라면만 끓여 먹었지만 그래도 행복했다. 결혼 전과 마찬가지로 그녀는 내 공연을 따라 다녔다. 달라진 것이 있다면 공연을 마치고 함께 집으로 돌아가는 것 정도랄까. 내게도 가족이 생긴 것이다. 내 가슴을 내리누르던 돌은 조금씩 가벼워지면서 잊혀져 갔다.

하지만 그런 생활도 오래 가지 못했다. 어떻게 알았는지 아내의 가족들이 몰려와 그녀를 끌고 가버렸기 때문이었다. 아내는 머리를 몽땅 잘리고 집에 갇혔지만, 용케 또 도망쳐 나왔다. 그러기를 몇 차례. 억지로 해서 될 일이 아니라는 것을 알게 된 장모와 처형들은 이제 전부 나서서 아내를 설득하기 시작했다. 그 와중에 아내는 아기를 가졌다. 나는 생각다 못해 아는 선배 집의 문간방으로 거처를 옮겼다. 그러자 아내의 가족들은 더 이상 찾아오지 못했다.

생활은 여전히 어려웠다. 아무리 인기 그룹이라고 해도 우리는 어차피 월급쟁이였고, 수입을 여러 명이 나누다 보니 한 사람의 손에 들어가는 액수는 얼마 되지 않았다. 그룹의 성격상 합숙을 해야 하니 생활비도 이중으로 들었다. 게다가 천성적으로 셈이 둔한 나는 알뜰하게 돈을 모으지도 못했다. 그러니 태어나서 지금까지 고생이라고는 모르고 부유하게만 살아온 아내가 얼마나 힘들었겠는가. 그래도 아내는 모든 것을 불평 없이 묵묵히 잘 참아냈다.

어린 나이에 임신한 아내는 먹고 싶은 것이 참 많았다. 한번은 버스 정류장에서 나를 기다리면서 울고 있는 아내를 보았다.

"경신아. 왜 울어? 어디가 안 좋아?"

깜짝 놀라 붙잡고 물어보니 고개를 도리도리 흔든다. 한참을 추궁하니 노점 좌판에 벌여놓은 빨간 홍시가 너무 먹고 싶어서 울었단다. 돈은 없고, 홍시는 너무 먹고 싶고. 얼마나 속이 상하던지 눈물이 절로 나오더란다. 그 이야기를 들으면서 나도 울고 싶어졌다. 첫 아이를 가진 아내에게 홍시 하나 사 줄 수 없는 내 신세가 비참하고 미안했다.

나만 만나지 않았어도 아내는 캠퍼스에서 낭만과 청춘을 즐기면서 대학 생활을 만끽하고 있었을 텐데. 사랑하는 가족들과 이렇게 인연을 끊는 일은 없었을 텐데. 홍시 때문에 부른 배를 붙잡고 울 일은 없었을 텐데. 그러고 보니 입고 있는 옷마저 선배 부인한테 얻어다 입힌 것이었다. 만삭의 몸에 맞는 임부복 하나 사주지 못해 남이 입다 버리다시피 한 구멍투성이 누비옷 한 벌로 이 겨울을 나게 하다니.

결국 나는 일단 돈벌이를 하기로 마음을 먹었다. 아이가 태어나면 돈 들어갈 일이 더 많을 텐데 이렇게 있다가는 정말 큰일이 날 것 같았다. 아버지 생각도 나고 어머니 생각도 났다. 그래. 돈을 벌자. 언제까지 꿈만 먹고 살 수는 없지 않나. 돈을 벌자.

마침 문화공보부(현 문화관광부)에서 대만 정부의 초청으로 100명 규모의 대규모 문화사절단을 구성하여 보내기 위해 단원들을 모집하는 중이었는데, 아는 분이 나를 추천해 주셨다. 대만뿐 아니라 동남아 전역을 순회하는 장기간의 공연 일정이었다. 그때는 달러 가치가 엄청나게 높아서 해외에 가서 일만 잘 풀리면 목돈을 벌 수 있었다. 국위 선양도 하고 외화도 벌고, 잘 하면 해외 진출도 할 수 있는 좋은 기회였다.

하지만 내게는 만삭의 아내가 있었다. 내가 외국으로 가면 아내는 한국에서 혼자 아기를 낳아야 하는데……그것을 생각하면 도저히 엄두가 나질 않았다. 그때 내 머릿속에 어린 시절 거지로 청계천을 헤매던 일이 생각났다. 태어날 내 아이는 절대 그렇게 비참하게 만들고 싶지 않았다. 그때의 상처들이 다시 쑤셔왔다. 나는 독하게 마음먹고 떠나기로 결정했다.

이제 남은 것은 출국과 '키보이스'를 탈퇴하는 일이었다. 김홍락과 차중락이 나가고 예전만 못한데 나까지 나간다면 '키보이스'도 상당히 어려울 것이기 때문에 결정하기가 쉽지 않았다. 하지만 어쩔 수 없었다. 나는 미안한 마음을 누르고 '키보이스'를 떠나 대만으로 향했다. 처음 떠나는 해외 공연이라 설렘도 있었고 기대도 컸다. 대만에만 가면 모든 것이 다 잘될 줄 알았다.

그러나 막상 대만에 도착해서 보니 우리의 예상과는 전혀 달랐다. 동남아 순회공연인 줄 알았던 우리의 공연은 한 번으로 끝났고, 당장 한국으로 돌아갈 수도 없게 되었다. 오도가도 못 하게 된 공연단은 현지에서 스스로 밥벌이를 해야 했다. 하지만 100명이 넘는 단원이 갑자기 전부 일을 구하는 것은 무리였고, 그러다 보니 잘 나가는 몇몇이 그 많은 단원들을 전부 먹여 살려야 하는 상황이 되고 말았다. 아내에게 돈을 부치기는커녕 우리가 먹고 살기에도 빠듯한 지경이었다. 대만에 발이 묶여 돈 한 푼 보내주지 못하고 발만 동동 구른 지도 두 달, 아내로부터 편지를 받았다.

"사랑하는 당신. 어제 아이가 태어났습니다. 예쁜 딸이에요. 당신 생각을 많이 해서 그런지 아빠를 많이 닮았습니다. 아이도, 저도 모두 건강합니다. 저는 걱정하지 마세요. 당신이 많이 보고 싶어요. 당신도 모쪼록 몸조심하세요."

나는 한없이 미안했지만 한편으로는 뛸 듯이 기뻤다. 아직 어리지만 엄마가 된 아내가 달리 느껴졌고, 내가 아빠가 되었다는 사실이 마냥 신기했다.

그동안 처가에서는 나와의 관계를 정리하고 돌아오라며 하루가 멀다 하고 아내를 설득했다. 남편이라는 작자가 출산을 앞둔 아내를 혼자 남겨두고 외국으로 가버린 것도 모자라, 돈 한 푼 보내주지 않으니 처갓집 식구들이 볼 때는 얼마나 기가 막힐 노릇인가. 아내는 그 모든 일을 혼자 감당하면서도 흔들리지 않았다. 꿋꿋하고 씩씩하게 아이를 낳고 가정을 지켰다. 그것만으로도 나는 아내가 얼마나 나를 사랑하는지 조금도 의심하지 않고 믿을 수 있었다.

복희와 함께 미군 공연을
다니던 모습

    인터넷은커녕 전화도 제대로 연결이 안 되던 그 시절, 우리는 매일 편지를 주고받았다. 그것만이 우리의 끈이었고, 내가 살아갈 수 있는 희망이었다. 아무리 힘들어도 서로에 대한 믿음이 확실하고 계속 사랑을 확인할 수만 있다면 어떤 어려움도 뚫고 나갈 수 있을 것 같았다. 우리는 그렇게 부부가 되어갔다.

포화 속에 울린 찬송가

🎼 어느덧 6개월이라는 시간이 지났다. 드디어 한국으로 돌아갈 길이 뚫려서 단원들은 모두 짐을 꾸렸다. 그런데 박호 단장님이 나를 부르셨다. 박호 단장님은 돌아가신 아버지와 형제처럼 지내던 분으로 나를 무척 챙겨주셨다. 비록 일은 잘 안되었지만, 이번 공연단에 끼게 된 것도 그분 덕이었다.

"항기야. 이번에 월남(베트남)으로 일하러 갈 기회가 생겼는데, 네 생각은 어떠니? 나는 네가 꼭 같이 갔으면 좋겠다."

월남이라. 구미가 당기지 않을 수 없었다. 당시 월남은 전쟁으로 돈이 넘치는 곳이었다. 거기다 미8군 무대에서 통하던 내 실력을 생각해 볼 때, 월남의 미군들을 상대로 일하는 것도 좋은 기회일 것 같았다. 게다가 지금 한국으로 돌아간다 한들 무엇을 할 수 있단 말인가? '키보이스'는 이미 새로운 멤버를 충원해서 활동하는 중이라 돌아가도 내가 설 곳이 없었다. 아내와 딸이 사무치도록 보고 싶었지만, 결국 나는 한국으로 돌아가는 것을 연기했다.

'여보, 그리고 아가. 미안하다. 우리, 조금만 더 고생하자. 조금만 더 기다려 다오.'

월남으로 향하는 비행기 안에서 아내로부터 받은 편지들과 딸의 사진을 보고 또 보았다. 공항에 내리자마자 습한 공기가 훅 끼치면서, 독특한 향취가 코를 찔렀다. 그제야 내가 월남에 왔다는 실감이 났다.

밀림 한가운데 있는 부대마다 쫓아다니며 공연하는 것은 여간 힘든 일이 아니었다. 벌레가 많아 잠도 제대로 잘 수 없는 데다, 드럼통으로 간이 샤워장과 화장실을 만들어 써야 했다. 그래도 고생한 것이 헛되지 않아서 우리 패키지 쇼의 인기는 대단했다. 조금만 더 하면 목돈을 손에 쥘 수도 있을 것 같았다. 하지만 이번에도 전혀 엉뚱한 일이 기다리고 있었다.

 1968년 초였다. 우리 팀은 사이공(지금의 호치민)에서 두 시간 정도 떨어진 구찌 Cu- Chi라는 곳에서 공연을 하고 있었다. 그런데 바로 그곳에 월맹군의 총공세가 시작된 것이다. 공연을 마치고 모두가 곤히 잠든 밤이었다. 갑자기 포탄 소리가 빗발치더니 여기저기서 비명소리가 터져 나왔다. 우리는 잠결에 일어나 미친 듯이 뛰어 방공호로 대피했다. 모두 맨발에 잠옷 바람이었다. 방공호에는 우리 말고도 많은 민간인과 군인들이 몰려와 있었다. 포탄이 머리 위로 떨어지면 모든 것이 끝나는 상황에서 아내의 얼굴과 사진으로만 본 딸의 모습이 스쳐갔다. 쾅쾅거리는 폭발음이 들릴 때마다 온몸이 덜덜 떨렸다. 바로 그때 참으로 놀라운 일이 벌어졌다. 좁은 방공호 어디선가 희미하게 노랫소리가 울리기 시작했다.

> 나 같은 죄인 살리신 주 은혜 놀라와.
> 잃었던 생명 찾았고 광명을 얻었네.
> 큰 죄악에서 건지신 주 은혜 고마와
> 나 처음 믿은 그 시간 귀하고 귀하다.

그것은 〈Amazing Grace〉였다. 처음에는 한 두 사람이 부르기 시작한 것이 이내 합창으로 변해 있었다. 나도 그 찬송을 따라 부르고 있었다. 밖에서는 포탄이 펑펑 터지고 섬광이 번뜩이는데, 좁은 방공호 안에 고요히 울려 퍼지는 찬송 소리. 조금 전까지 불안함에 떨던 내 마음은 점차 평온함으로 가득 찼고 사람들의 표정도 잠잠해지고 있었다. 폭격에 비하면 너무도 미약한 찬송 소리지만, 그 소리가 거센 바람과 죽음의 세력으로부터 우리를 보호해 주는 것처럼 느껴졌다. 그것은 참으로 신비한 경험이었다. 나는 어느새 기도를 하기 시작했다.

"하나님! 정말로 당신이 계시다면 우리를 지켜주옵소서."

그날 우리는 방공호 안에서 어두운 밤을 보내고, 무사히 아침을 맞았다. 죽음 같은 암흑이 지나간 것이다. 한 사람씩 밖으로 나가 빛 속에 몸을 드러내고 너나없이 살아 있음을 기뻐했다. 어제 보던 나무가, 어제 보던 하늘이 모두 새로웠다.

하지만 또 밤이 올 것을 생각하자, 무조건 이곳을 떠나야겠다는 생각만 들었다. 나는 미군 측에 단원들과 함께 사이공으로 돌아가겠다고 말했다. 미군 측은 우리의 안전을 보장할 수 없다고 말렸지만, 포탄이 빗발치는 이곳에 더 이상 머물 수 없었다. 우리는 목숨을 걸고 사이공으로 돌아가기로 했다.

아무래도 안전이 걱정되어 적십자 대원들의 옷을 빌리려 했으나 그들은 적십자 단복 대신 자기들의 신부복과 수녀복을 내주었다. 우리에게 정말 어울리지 않는 옷이었다. 춤추고 노래하며 쇼를 하는 게 직업인 우리가 신부와 수녀가 되다니. 하지만 이것저

것 따질 겨를이 없었다. 나는 신부복을 입고, 여자 단원들에게는 수녀복을 입혔다.

사이공까지 가는 길은 멀고 험했다. 정글 초입에 들어서자 갑자기 베트콩들이 정글에서 뛰어나와 총부리를 겨누며 차를 세웠다. 눈에서 파란 빛이 번뜩이는 것이 이제 죽었구나 싶어 온몸에 소름이 쫙 끼쳤다. 믿을 것이라곤 신부복과 믿지도 않는 하나님뿐이었다.

"하나님, 살려 주세요!"

내게 총을 겨눈 베트콩이 날카로운 눈으로 나를 쳐다보며 "어느 나라 사람이냐?"라고 물었다. 당시 한국군은 베트콩들에게 증오의 대상이 될 정도로 맹위를 떨치고 있었으므로 우리가 한국인이라는 것이 밝혀지면 목숨을 부지하기 어려울 것이 뻔했다. 나는 서툰 베트남어로 더듬더듬 대답했다.

"난 일본인 신부다. 그리고 우리는 적십자 단원들이다. 통과시켜 달라."

그의 노려보는 시선 앞에서 그대로 발가벗겨지는 것 같았다. 이마에 식은땀이 흘러내렸다. 그들은 아무 말도 하지 않고 우리를 한참 조사하더니 보내주었다. 공포에 질려 정글을 헤쳐 나오는데 지난밤 불렀던 〈Amazing Grace〉의 가사가 떠올랐다.

나 같은 죄인 살리신 주 은혜 놀라와.

어젯밤 일을 생각하자 용기가 생겼다. 마치 누군가가 있어 아무것도 없는 칠흑 같은 어둠속에서 '너를 지켜주겠다.'고 약속하는 것만 같았다. 가슴은 여전히 쿵쾅거리고 손에는 땀이 흥건했지만, 마음 한구석에 괜찮을 거라는 믿음이 생겼다. 신부복의 가슴께에 소중하게 품고 있는 아내와 딸아이의 사진이 생각났다. 흔들리던 시야가 조금씩 보이기 시작했다.

사이공까지 가는 동안 우리는 무려 다섯 번이나 베트콩의 검문을 받았다. 한 번 검문을 받을 때마다 수명이 십 년씩 단축되는 것 같았다. 사이공에 도착해서 여기저기 땀으로 얼룩진 신부복을 보니 비로소 살았다는 것이 실감났다. 차에서 내리려 했지만 다리가 후들거려 제대로 설 수조차 없었다. 수녀복을 입은 여자 단원들은 거의 반쯤 정신이 나간 상태였다. 하지만 우리는 모두 무사했다. 저절로 "하나님, 감사합니다."라는 고백이 나왔다.

나중에 안 일이었지만, 우리가 가까스로 탈출했던 구찌는 지하에 베트콩의 땅굴이 거미줄처럼 깔려 있는 곳이었다. 사람들은 그곳에서 밀림을 지나 단 한 사람도 상하지 않고 무사히 돌아온 것을 두고 기적이라고 했다. 그렇게 우리는 월남의 사지死地에서 빠져나왔다.

폐결핵에 걸려 돌아오다

🎼 구찌에서 빠져나오면서 내 머릿속에는 오직 한 가지 생각 밖에 없었다. 아내와 딸을 보고 싶다는 것. 살아서 만나면 다시는 헤어지지 않겠다는 것. 그 사실 하나만 생각하고 사이공에 도착했는데 다른 단원들은 이번 공세만 끝나면 미군이 다시 전세를 회복할 것이니 기다려보자고 나를 붙잡았다. 꽃 같은 아가씨들이 돈만 많이 벌 수 있다면 목숨이 왔다갔다하는 전쟁터에서 춤추고 노래하는 것을 무서워하지 않았다. 모두 너무나도 가난했던 시절의 이야기들이다.

그래도 내 마음은 확고했다. 나는 무조건 집으로 돌아가기로 했다. 하지만 사이공에서 한국으로 가는 길은 이미 다 막혀 있고, 그나마 남은 것은 방콕 경유 티켓이었다. 평소보다 몇 배나 비싼 가격에 가진 돈을 전부 털어서 겨우 티켓을 구할 수 있었다. 모든 것을 포기하고 거의 2년 여 만에 집으로 돌아가게 된 것이다.

의지할 데 하나 없는 만삭의 새색시를 혼자 남겨두고 돈 벌어 온다고 떠났다가 거지꼴로 돌아왔는데도, 아내는 죽었다 살아 돌아온 사람을 만난 것처럼 감격하여, 나를 붙들고 울음을 그칠 줄 몰랐다. 그동안 얼마나 많은 일들이 있었겠는가. 나도 아내를 부둥켜안고 한참을 울었다. 조금 진정이 되자 아내는 딸을 찾았다.

"아빠야. 아빠, 처음 보지? 아빠야."

내 딸이라서가 아니라 큰애는 정말 예뻤다. 첫 아이인데다가 엄마 뱃속에 있을 때 좀 고생을 했나. 게다가 무엇보다도 아내 혼자 낳게 한 것이 그렇게 미안할 수 없었다. 지금도 큰아이에 대한 나의 마음은 각별하다. 나는 아기 보는 재미에 푹 빠져 종일 딸을 어르며 시간 가는 줄을 몰랐고, 그러면서 월남에서 겪었던 구원의 체험과 하나님의 존재는 어느새 까맣게 잊어버렸다.

그리고 음악 활동을 다시 하기 위해 단원들을 모아서 5인조 밴드 그룹을 만들었다. 우리는 새로 출발한다는 마음으로 미8군 무대부터 출발했다. 반응은 좋았지만, 여전히 생활은 어려웠다. 처형들이 아기 분유값이나 생활비를 보태준 덕에 그나마 굶지 않고 살 수 있었다. 나와 헤어지라고 난리치던 분들이 도와주시니 감사하기도 했지만, 한편으로는 자존심이 상하기도 했다. 결국 '밥벌이 못하는 위인'이라는 소리를 듣기 싫어 나는 또 월남에 가기로 결정했다. 죽어도 가기 싫었지만, 무능한 가장이 되는 건 더욱 싫었다.

그 사이 아내는 둘째를 가졌다. 이번에도 나는 아내의 출산을 지켜보지 못하게 된 것이다. 아내에게 미안하고 딸아이가 보고 싶어 어쩌나 걱정이 되어 발이 떨어지지 않았지만, 이번에는 정말 자신이 있었다.

미군들이 좋아할 만한 여자 단원 셋을 구해 합류시키고 'Lock & Key'라는 이름으로 팀을 만들었다. 쇼는 대성공이었다. 우리 팀은 어딜 가든 인기를 끌었고 나는 처음으로 집에 생활비를 보내줄 수 있었다.

정신없이 바쁜 가운데 몇 달이 흘렀다. 아내는 그 사이에 둘째를 낳았다. 또 딸이었다. 큰아이 때도 그랬지만 이번에도 아이가 태어나는 감격적인 순간을 함께하지 못한 것이 그렇게 아쉬울 수가 없었다. 벌이가 나아져 생활비는 보내줄 수 있었지만, 미안한 마음은 조금도 줄지 않았다. 어린아이 둘을 데리고 남의 집 문간방에서 얼마나 눈치가 보이겠는가. 나는 아내에게 사글세방이라도 구해서 좀 편하게 지내라고 돈을 구해 보냈다.

월남에서 나의 스케줄은 바쁘게 돌아갔다. 부실한 경비행기를 타고 밀림에서 밀림으로 다니는 일정은 숨 가쁜 것이었다. 언제부터인가 땡볕 아래서 일하는 것이 너무 힘들었지만, 한국의 가족들을 생각하면서 이를 악물고 참았다.

그러던 어느 날, 나는 공항에서 쓰러지고 말았다. 정신이 들어 일어나 보니 병원이었다.

"어……여기가 어디냐? 내가 왜?"

옆에 있던 단원이 대답했다.

"형님! 이제 정신 드세요? 여긴 병원이고요. 형님 몸이 말이 아니래요."

그날은 약을 먹고 어찌어찌 버텼지만, 더 이상은 무리였다. 나는 사이공으로 나와 시내의 종합병원에 가서 정밀 진단을 받았다. 엑스선 촬영을 하고 검사를 해보니 폐결핵이었다. 의사는 무조건 쉬어야 한다면서 공연이고 뭐고 다 그만두라고 했다. 내가 받은 충격은 이루 말할 수가 없었다.

'이제 좀 살 만한데 폐결핵이라니. 먹고 살겠다고 이 먼 타국에까지 와서 고생고생 하다가 몹쓸 병만 걸렸구나.'

그날부터 나는 모든 것을 작파하고 술만 푸기 시작했다. 지금 생각하면 왜 그리 난리를 쳤을까 싶은데, 그때는 그것으로 세상이 끝난 것만 같았다. 일찍 돌아가신 부모님부터 함께 고생한 동생 복희와 한국에서 나만 기다리고 있는 아내와 어린 것들까지. 무슨 팔자가 이렇게 박복한가 싶어 하늘이 원망스럽고 모든 것들이 서럽게만 느껴졌다. 신세 한탄을 하며 마신 술보다 내가 흘린 눈물이 더 많았을 것이다. 며칠을 그렇게 지냈을까. 계속 그곳에 있다가는 진짜 객사하겠다는 생각이 불현듯 들었다.

"안되겠다! 집에 가자. 집에 가야겠다."

아내와 아이들이 미칠 듯이 보고 싶었다. 나는 비틀거리며 곧 죽을 것 같은 몰골을 해가지고 무조건 집에 가겠다고 나섰다. 단원들은 내가 가면 자기들은 어떡하냐고 매달렸지만, 이미 내 귀에는 아무 소리도 들리지 않았다. 돈도, 인기도 필요 없었다.

"이 몸으로는 도저히 못 합니다. 아무리 돈을 많이 벌면 뭐 합니까? 죽으면 무슨 소용이 있습니까? 한국에 돌아갈 겁니다."

나는 모든 만류를 뿌리치고 월남을 떠났다. 이것으로 월남과 나의 인연은 영원히 끝났다고 생각했다. 그것은 나의 착각이었다.

그때는 미처 몰랐지만 월남에서 걸렸던 폐결핵과 그곳에서 배운 새로운 음악은 내 인생을 바꾸어 놓았다. 그것은 내 인생의 빛과 그림자 같은 것이었다. 그랬다. 나는 월남에서 빛과 그림자를 안고 돌아왔다.

빛과 그림자

별이 빛나는 밤에
영혼의 늪
무지개빛
미로에 갇혀

별이 빛나는 밤에

너와 내가 맹세한 사랑한다는 그 말
너와 내가 맹세한 사랑한다던 그 말
차라리 듣지 말 것을
애당초 믿지 말 것을
사랑한다는 그 말에 모든 것 다 버리고
별이 빛나던 밤에 너와 내가 맹세하던 말
사랑한다던 그 말은 별빛 따라 흘렀네
머나먼 하늘 위에 별들이 빛나던 밤
그리워요 사랑해요
유성처럼 사라져 버린

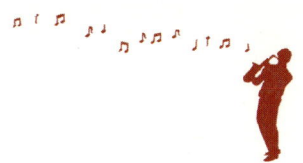

별이 빛나는 밤에

새까만 얼굴에 비쩍 마른 내 모습은 갈 데 없이 거지 비렁뱅이였다. 게다가 몹쓸 병까지 걸려 돌아왔는데도 아내는 반갑게 맞아주었다.

"여보, 잘 돌아왔어요. 폐결핵은 푹 쉬고 잘 드시면 낫는 병이에요. 꼭 나을 테니 너무 걱정 마세요."

아이 둘을 데리고 하나는 업고, 하나는 손을 잡고 나온 아내를 보니 만감이 교차했다. 큰딸은 제법 말이 늘었고, 둘째도 한창 예쁠 때였다.

"아빠. 아빠."

기특하게도 큰딸은 오랜만에 만나는데도 낯을 가리지 않고 고사리 같은 손을 뻗으며 안아달라고 했다. 그 어린 것이 '아빠'라고 부르는데 핏줄이란 이런 것인가 싶을 정도로 가슴이 뭉클했다.

폐결핵이 옮을까봐 선뜻 안을 수는 없었지만, '아빠'라는 소리를 듣는 것만으로도 가슴 한구석이 찐해졌다. 월남에서는 세상이 끝난 것처럼 낙심이 되더니, 아내와 아이들을 보자 힘이 났다.

아내는 그날부터 내 병을 고치기 위해 백방으로 애를 썼다. 아내의 지극한 정성과 사랑하는 딸들의 재롱 덕분에 마음이 편해서 그랬는지는 몰라도 나의 병세는 하루가 다르게 좋아졌다. 어찌 생각하면 월남에서 얻은 병은 폐결핵이 아니라 향수병인 것 같았다. 얼마 지나지 않아 다시 일을 시작할 수 있을 만큼 몸이 회복되었지만, 나는 서두르지 않았다.

병이 나은 뒤 제일 먼저 당시 최고의 인기 DJ였던 이종환 선배님을 찾아갔다. 선배가 자신의 프로그램의 타이틀곡을 만들어달라고 했기 때문이었다. 선배의 〈별이 빛나는 밤에〉는 그야말로 우리나라 최고의 라디오 프로그램이었다. 곡명은 프로그램의 제목을 따서 〈별이 빛나는 밤에〉로 붙였다.

너와 내가 맹세한 사랑한다는 그 말
너와 내가 맹세한 사랑한다는 그 말
차라리 듣지 말 것을
애당초 믿지 말 것을
사랑한다는 그 말에 모든 것 다 버리고.

한번 들어나 보라고 편하게 기타를 치며 불렀을 뿐인데 이종환 선배는 곡이 좋다며 당장 녹음하자고 덤볐다.

'키브라더스' 시절의 공연 모습

"항기야. 그냥 녹음을 할 게 아니라 우리, 아예 공연을 하자. 내가 책임질게."

얼떨결에 그 자리에서 공연이 결정되고, 이종환 선배의 인맥으로 인기 스타들의 섭외가 결정되었다. 시민회관에서 '윤항기 리사이틀'이 열린 날, 나를 주인공으로 조영남, 윤형주, 송창식, 이장희, 어니언스 등 당시 가장 잘 나가던 통기타 가수들이 대거 출연했다. 공연은 대성공이었고, 〈별이 빛나는 밤에〉는 공전의 히트를 기록했다. 방송과 음악다방에서 쉴 새 없이 흘러나왔고, 통기타를 치는 대학생들은 너도나도 이 노래를 불렀다. 이로써 나는 가수이자 작곡가로 완전히 재기에 성공했다.

〈별이 빛나는 밤에〉의 성공에 탄력을 받아 나는 다시 그룹을 시작했다. 이번에는 내가 리드 보컬을 맡고 '키보이스' 시절과 월남에서 함께 활동했던 실력 있는 친구들에게 악기를 맡겼다. 그룹 이름은 '키보이스'와 구별하기 위해 '키브라더스'라고 지었다. 데뷔 음반 〈고고춤을 춥시다〉는 날개 돋친 듯이 팔려나갔다. 〈별이 빛나는 밤에〉와 이미 발표된 곡들을 편곡하여 총 5곡을 실었을 뿐이었지만, 이 앨범은 스위스에서 발행되는 '2001 세계희귀명반 안내책자'에 올라 외국 마니아들도 찾는 몇 안 되는 가요음반 중의 하나가 되었다.

1970년 말 전세계적으로 유행한 고고의 리듬을 타고 '키브라더스'의 인기는 날로 더해갔다. 우리는 '닐바나' 같은 고고클럽에서 그야말로 젊은이들을 미치게 하는 음악을 연주했다. 당시 나는 분위기가 극에 달하면 넥타이를 머리에 매고 양복바지를 한쪽만 걷어붙인 채 무대를 펄쩍펄쩍 뛰어다니며 샤우트 창법으로 노래를 내지르곤 했다. 요즘은 노래방에서 그렇게들 하나 본데, 그때만 해도 윤항기가 아니면 할 수 없는 퍼포먼스였다. 어떤 음악 평론가는 그런 '키브라더스'의 음악과 무대를 두고 1970년대 초의 서태지라고 평했을 정도였다.

그때는 지금처럼 쇼 비즈니스가 발달하지 않아서 상품이 아니라 음악 그 자체가 중요했다. 7~8분에 이르는 곡을 어느 파트 하나 처지지 않고 팽팽하게 연주하는 것이 얼마나 짜릿하고 엄청난 모험인지 해 보지 않은 사람은 모를 것이다.

사이키한 록 사운드에서 아프리카 음악과 국악까지 '키브라더스'는 장르에 구애받지 않고 계속 파격적인 음악을 시도했고,

간주 사이사이에는 힘껏 추임새를 넣어 낯선 록에 우리 고유의 색을 입혔다. 나는 한국식 록을 하고 싶었다. 1970년대 초, 단 석 장의 음반을 내고 탈퇴했지만 '키브라더스'에서 나의 음악은 활짝 꽃을 피웠다.

내 음악이 확 달라진 것은 다름 아닌 월남에서의 경험 덕분이었다. 월남에서 일하면서 나는 세계 여러 나라의 다양한 음악을 접했다. 그 새로운 음악들은 어느새 내 몸과 마음을 뒤흔들고 영혼까지 노래하게 했다. 나는 밤마다 별이 쏟아지는 하늘을 보며 새로운 노래를 생각하고 음악을 꿈꾸었다. 모든 것을 잃었다고 생각했던 월남에서 나는 나의 음악을 만났던 것이다.

〈별이 빛나는 밤에〉 역시 그렇게 만들어졌고, 그 곡으로 나는 대중음악계의 별이 되었다. 지금도 첫 소절을 부르고 나면 "와!" 하고 갈채를 보내던 팬들의 환호성이 생생하다. 그것은 분명 내 인생의 잊을 수 없는 찬란한 빛이었지만, 그때는 몰랐다. 빛과 그림자가 동전의 양면이라는 것을. 별이 빛나는 것은 그만큼 밤하늘이 어둡기 때문이라는 것을.

나는 반짝이는 별빛에 취해 아무것도 보지 못하고 있었다. 바로 앞에는 바닥을 알 수 없는 늪이 펼쳐져 있고, 사방은 어둠으로 둘러싸여 있는데도 내 영혼은 눈을 감고 한 걸음씩 그곳으로 걸어 들어가고 있었다. 어디선가 누군가의 "안 돼!"라는 소리가 들리는 것 같았지만, 나는 아무것도 듣지 못한 것처럼 그저 앞으로 앞으로만 가고 있었다.

영혼의 늪

🎼 내 나이 이제 서른. 그동안 월남을 두 번이나 갔다 오고, 그룹 활동을 10년 남짓 했다. 그뿐인가! 그때 나는 이미 네 아이의 아버지였다. 큰아이가 일곱 살이었고, 둘째가 다섯 살, 다음으로 낳은 쌍둥이들이 세 살이었다. 워낙 외롭게 자랐기 때문에 어려서부터 일찍 가정을 이루고 싶었다. 아이도 최소한 셋은 낳겠다고 마음먹고 있었는데 세 번째가 쌍둥이로 태어나는 바람에 졸지에 넷이나 되어버린 것이다. 모두 딸이었다.

남보다 굴곡이 많은 삶을 살아서 그런지 몰라도 인생의 속도는 빨랐지만, 여물지 못한 성격 탓에 우여곡절도 많았다. 원래도 욱 하는 성질이 있었는데 가수로 인기를 좀 얻게 되자 더 안하무인이 되고 말았다. 작은 재주 하나 믿고 내 위에 사람이 없는 것처럼 굴다가 사고를 친 적이 한두 번이 아니었다.

한번은 무면허인 친구에게 차를 빌려주었는데, 그 친구가 사고를 내고 말았다. 상대의 과실이었지만, 친구가 무면허였으므로 꼼짝없이 모든 것을 뒤집어쓸 수밖에 없었다. 나는 내 친구가 무면허라는 사실은 제쳐놓고 그저 억울하게 가해자가 된 것만 갖고 길길이 날뛰었다.

"아니, 경찰이 멀쩡한 사람을 가해자로 만들어? 내가 누군 줄 알아? 당신들, 실수하는 거야!"

그때의 나는 무면허 운전이 얼마나 큰 죄인 줄도 깨닫지 못할 정도로 안하무인이었다. 치렁치렁 긴 머리에 아래위로 진을 차려

입은 채, 잘못을 시인하기는커녕 고래고래 고함을 지르며 난리를 쳤다. 급기야는 경찰서에서 몸싸움을 하다가 폭행으로 유치장에 갇히기까지 했다. 어찌해서 풀려났지만, 달라진 것은 없었다.

그 사건으로 몇 개월의 공백이 생기는 바람에 '키브라더스'도 그만두고, 백수가 되었다. 그러고도 잘못한 줄을 몰랐다. 오히려 다른 사람들을 원망하고 세상을 탓하며 날마다 술과 무위도식으로 허송세월을 보냈다.

"남들은 부모 그늘 아래에서 편안하게 학교 다니고 자리 잡는데, 나는 왜 이렇게 힘이 들어야 하나."

오래된 쓴 뿌리처럼 해묵은 자기연민은 또 내 발목을 잡았다. 일찍 결혼해서 가족들 부양하느라 미친 듯이 일을 해야 하는 것도 짜증이 났고, 심지어는 나를 위해 어린 나이에 모든 것을 포기한 아내와 아이들마저 보기 싫었다. 모든 것이 귀찮고 무기력하기만 했다.

가장이 그러고 있으니 집안 꼴은 말이 아니었다. 그나마 조금 모아둔 것을 야금야금 까먹다가 셋집마저 넘긴 뒤 어쩔 수 없이 홀로 되신 장모님만 계시는 처가로 들어가게 되었다. 처갓집에 얹혀살면서도 나는 달라지지 않았다. 아침 10시부터 저녁 10시까지 볼링장에서 살다시피 해서, 거의 프로선수 급의 실력을 갖출 정도였다. 나중에는 아내에게 볼링비를 구해오라고 심부름까지 시키면서도 부끄러운 줄을 몰랐다. 그런 나를 보면서 장모님은 가슴을 두드리며 한탄을 하셨다.

"아이고, 그러게 내가 뭐랬니. 저놈 윤 서방, 처음부터 사람 구실 못할 거라지 않았니. 부모 말 안 듣더니 꼴좋다. 이제는 애가 넷이나 달렸으니 어쩔 거냐."

나는 장모님의 넋두리를 귓전으로 넘겼다. 내 영혼의 중심은 나만 불쌍하고 안 됐다는 생각으로 꽉 차 있어서 나로 인해 고통받고 힘들어 하는 주변 사람들을 돌아볼 여유가 전혀 없었다. 심지어 나 하나 믿고 어린 나이에 모든 것을 포기한 아내에 대해서도 미안한 마음이나 연민이 조금도 느껴지지 않았다. 하지만 늘 가슴 밑바닥에서 누군가의 소리가 들렸다. 자기밖에 모르는 이기주의자! 아무도 뭐라고 하지 않았지만, 그 차가운 어조에 질려서 나는 더 멀리 달아났는지도 모른다.

그날도 볼링을 치다가 밤늦게 집으로 돌아왔다. 문이 열려 있기에 그냥 들어가려는데 아내와 장모님의 이야기소리가 들렸다.

"너, 생각이 있는 거냐? 어쩌자고 빚까지 내서 윤 서방 볼링비를 대? 저 어린 것들을 봐서라도 정신을 차려야지. 도대체 어쩌려고 그러니?"

아마도 아내는 장모님께 내 볼링비를 빌려달라고 했으리라. 화가 난 장모님은 참다못해 아내의 아픈 속을 쿡쿡 찔러가며 저렇게 퍼부어대고 계신 것이리라. 낯 두꺼운 내가 볼링에 미쳐 전부 팽개치고 노는 동안 아내와 아이들은 처가에서 이렇게 눈칫밥을 먹고 있었으리라.

갑자기 가슴 한 구석이 뻐근했다. 장모님 앞에 고개를 조아리고 말 한마디 못하고 있는 아내를 보았다. 아랫입술을 꼭 물고 손을 앞에 모은 채 그저 어깨만 가늘게 떨고 있는 아내의 모습. 그것은 익숙한 모습이었다. 예전에 어디선가 보았던 누군가의 뒷모습이 아내의 등 뒤로 겹쳤다. 깜짝 놀라 돌아 나오다가 보게 된 거울에 비친 내 모습 역시 그랬다. 무언가가 안개가 걷히는 것처럼 선명해지더니 갑자기 내 시야에 비친 거울에 금이 쩍 갔다.

그 안에 비친 것은 다름 아닌 내 아버지와 어머니의 모습이었다. 아버지는 광인의 눈으로 어머니를 몰아세우고 있었고, 어머니는 아버지를 피해 맨발로 집밖으로 나서고 계셨다. 방구석에서 떨고 있는 우리를 돌아보는 어머니의 시선에는 비참함과 근심이 가득했다. 깨진 거울이었지만, 모든 것은 너무나 선명해서 내 가슴에 금이 간 것처럼 아팠다.

그제야 알았다. 비록 폭력을 휘두르지는 않았지만, 지금 내가 하고 있는 짓이 마약 살 돈을 구해오라고 추운 겨울 어머니를 거리로 내몰던 아버지와 무엇이 다른가. 내 가슴에 거울 조각이 와서 박히는 것 같았다. 나는 주먹을 꼭 쥐었다.

"아버지처럼은 살지 않겠다!"

그날부터 거짓말처럼 나는 볼링을 끊었다. 그러고 다시 일을 시작하자고 마음먹었다. 새로운 출발을 위해 아내와 늦게나마 정식 결혼식도 올렸다. 이번에는 아내에게 웨딩 드레스도 입히고 나 역시 제대로 턱시도를 차려 입었다. 여기저기 아는 데마다 전부 청첩장을 돌렸다. 막상 식이 시작되자 무대에서도 긴장하지 않는 내가 떨기 시작했다. 아내는 감개무량한 듯 눈물이 그렁그렁해서 환하게 웃고 있었다. 얼마만인가. 이렇게 활짝 웃는 아내의 미소를 보는 것이. 올망졸망한 아이들이 넷이나 있었지만,

결혼식 모습

그래도 우리는 신랑과 신부였다.

그날은 우리 부부의 새로운 출발인 동시에 내 음악 인생의 전환점이기도 했다. 그날 이후 윤항기는 솔로 가수로 전향했던 것이다. 1973년의 일이었다.

무지개빛

🎼 '키브라더스'와 '키보이스'가 아무리 잘 나가도 그것은 그룹이었지, 내가 인정받는 것은 아니었다. 그룹은 알아도 윤항기를 모르는 사람이 많았다. 나는 여전히 무명 아닌 무명이었다. 그런 나에게 솔로라니! 처음에는 솔로를 해보라는 사람들의 권유가 괜히 하는 소리인 줄 알았다. 서른을 넘긴 나이에 무슨 솔로가 되겠냐며 손사래를 쳤지만, 주변에선 그게 아니라며 나를 설득했다.

"항기야. 네 재주가 아깝지 않냐. 너 정도면 솔로로 해도 얼마든지 성공할 수 있어."

"너는 작곡을 할 수 있잖아. 〈별이 빛나는 밤에〉만 봐도 그래. 너는 곡이 좋으니까 얼마든지 할 수 있을 거야."

"내가 연예부 기자 아니냐. 우리 신문에 네 기사 잘 실어줄게. 그뿐이냐. TV 방송국하고 라디오에도 널 아끼는 선배님들이 얼마나 많이 계시냐? 다 밀어준다고 하셨으니까, 걱정하지 마라. 틀림없이 뜬다!"

이상하게 많은 사람들이 내게 관심을 보이며 돕겠다고 나섰다. 그들의 도움으로 나는 별 어려움 없이 솔로 데뷔를 할 수 있었다. 모든 것이 마치 물 흐르는 것처럼 자연스럽게 이루어졌.

첫 번째 솔로 앨범은 〈무지개빛〉이었다. 엄청난 히트를 친 것은 아니었지만, 솔로 가수로 출발하기에는 충분했다. 처음으로 내 이름을 걸고 하는 활동이라 부담도 컸지만, 의외로 나는 솔로 활동에 잘 맞았다. 대학 축제마다 불려가서 〈별이 빛나는 밤에〉와

〈무지개빛〉을 부르면서 자리를 잡아가다가 2집 앨범을 발표했다. 그때 타이틀곡이 바로 〈나는 어떡하라고〉였다.

〈나는 어떡하라고〉는 공전의 대성공을 거두었다. 트로트도 아니고 포크도 아니지만, 슬프고 애절한 가사가 호소력 짙은 내 음성에 잘 맞았다. 감정을 실어 부르면서도 절제한 것이 주효했다. 방송과 공연마다 불러대는 통에 나는 몸이 열 개라도 모자랄 지경이었다. 그렇게 나는 어느새 다시 스타덤에 올라 있었다. 운이 따랐는지 그 후로도 부르는 노래마다 히트를 쳤다. 어린 시절을 회상하며 만들었던 〈외로운 해바라기〉는 한국가요제에서 '베스트 10'에 뽑혔고, 나는 명실상부 인기가수의 반열에 올랐다.

어둠이 온다. 잠이 드누나.
비가 온다 울고 있구나.
외로운 들판에 홀로 핀 해바라기
해바라기 사랑은 오직 햇님뿐.
날이 새면 비가 올까 가슴 조이고
비가 오면 해바라기 울고 있다오.
비야 오지마라.
어둠아 오지마라.
나는 해바라기 외로운 해바라기.
괴로움도 슬픔도 가슴에 안고
햇님따라 쓸쓸히 잠드는 해바라기.

마침 미국에서 잠시 다니러 온 복희도 깜짝 놀랐다.

"오빠, 성공했구나. 그렇게 고생하더니 드디어 빛을 보네요. 정말 잘 됐어요, 오빠."

자기 일보다 더 좋아하면서 눈물까지 흘리는 복희를 보니 나도 목이 메었다. 복희와 나만 알고 있는 고통스러운 시간들이 주마등처럼 스쳐갔다. 오늘의 우리가 되기까지 얼마나 많은 아픔이 있었던가. 그동안 고생했던 기억들이 밀려오면서 복희가 애틋하게 느껴지고, 하나 뿐인 동생에게 오빠 노릇도 제대로 못했다는 생각에 한없이 미안했다. 한편으로는 우리 둘 다 인기 가수가 된 것을 자랑하고픈 마음도 들었다. 이참에 나는 아예 복희를 한국에 눌러 앉히고, 잘 나가는 남매 가수로 함께 활동했다.

해마다 대형 히트곡을 내면서 나의 주가는 날이 갈수록 뛰었다. 앨범을 채울 곡이 모자라 하룻밤 만에 장난처럼 만든 〈장미빛 스카프〉에서 〈다 그런 거지 뭐〉까지 대히트를 쳤다. 그런가 하면, 〈이거야 정말〉처럼 남의 곡을 받아서 부른 것도 히트했고, 반대로 내가 남에게 곡을 만들어 줘도 선풍적인 인기를 끌었다. 사람들은 잘 모르지만, 김수희의 〈너무합니다〉도 내가 작곡한 곡이다. 부르는 곡마다 히트를 치고 만드는 곡마다 인기곡이 되니 마이크만 잡으면 돈이 들어왔다.

덕분에 얼마 지나지 않아 집도 장만할 수 있었다. 그때만 해도 서울에 아파트라곤 두 군데밖에 없었는데, 그중에서도 부유층들이 주로 사는 마포 아파트를 산 것이다. 어려서 가회동을 떠난 이후 처음으로 가져본 집이었다. 청계천을 헤매고 여관방을 전전할 때마다 얼마나 간절했던 우리 집인가! 갑자기 가회동 옛날 집에서 부모님과 복희와 행복하게 살던 때가 떠올랐다. 집이 생겼다고 그 시절이 돌아오는 것은 아니지만, 어쩐지 자꾸 예전 생각이 나서 가슴이 먹먹했다. 하지만 슬픈 추억도 잠시였다. 새 집의 방마다 문을 활짝 열어놓고 마루에 큰 대자로 누워서 보니, 아내는 바닥을 닦고 또 닦으면서도 힘든 기색 하나 없이 연신 웃고 있었고, 아이들도 신이 나는지 쾅쾅거리며 뛰어다녔다. 나는 아이들을 불렀다.

"우리 집이니까 마음대로 뛰어도 된다. 신나지?"

딸아이들이 피아노를 치며 장난치는 소리를 들으면서 나는 진심으로 그 누군가에게 감사드렸다. 그 무렵 아내는 복희와 함께 교회에 열심히 다니고 있었고, 내게도 함께 가자고 권하곤 했다. 나는 그때마다 번번이 거절했지만 정작 아내가 예배를 보러 간다고 하면 부지런히 차로 교회까지 태워다 주었다. 겨우 교회 마당이나 밟던 주차장 신자였지만, 이 모든 것이 은혜라는 것은 어렴풋하게나마 알고 있었던 것 같다.

그런 나를 위해 하나님은 복에 복을 더해 주셨다. 기다리던 아들을 주신 것이다. 아들까지 얻고 나니 정말 세상이 달라 보였다. 하지만 나는 감사하기는커녕 성공에 눈이 멀어버렸다. 갑자기 내 인생은 무지개빛으로 가득 찼고, 나는 그 무지개 속에서 영원히 살고 싶었다. 무지개를 좇아 끝없이 달리다가 어느새 노인이 되어버렸다는 소년의 이야기는 나와는 무관한 것이었다. 어느새 나는 모든 것을 뒤로 하고 무지개를 향해 달리기 시작했다.

미로에 갇혀

🎵 그 시절 나는 돈에 환장한 인간처럼 눈이 벌개져서 돈 버는 일에 열을 올렸다. 얼마나 원수 같은 돈인가. 돈이 없어서 어머니가 비참하게 돌아가시고, 아버지가 폐인이 되시고, 우리 남매가 그렇게 고생을 했다고 생각하니, 돈이 세상의 전부인 것만 같고 돈이면 뭐든지 다 될 것 같았다.

돈을 좀 벌게 되자 나를 대하는 사람들의 태도부터 달라졌다. 어제까지 본척만척하던 사람들이 오늘은 먼저 다가와 인사를 했다. 그런 모습을 보면서 나는 더 악착같이 돈을 벌자고 이를 악물었다. 다시는 예전으로 돌아가고 싶지 않았다.

매일 방송에 나가고 서울과 지방으로 공연을 다녔다. 그것도 모자라 밤늦도록 유흥업소에서 노래를 하고, 끝나고 나면 사람들과 밤새 진탕하게 놀았다. 그리고 다음날 해가 중천에 뜬 뒤에 겨우 일어나서는 다시 어제의 삶을 반복했다. 연예계라는 곳이 그랬다. 함께 술 마시고 놀아줘야 한 번이라도 더 방송에서 틀어주고 무대에 세워주는 것이 이 바닥의 생리였다. 기자들한테는 가끔씩 섭섭지 않게 촌지도 찔러주어야 했다.

내 생활은 점점 엉망이 되어갔다. 돈을 벌겠다고 쫓아다니면서 집에 들어가지 않는 날이 하루, 이틀에서 일주일이 되고, 몇 달이 되더니 나중에는 아예 집에 발길을 끊고 말았다. 방탕하게 살다 보니 주변에는 나의 돈과 인기를 보고 모인 사람들이 들끓었고, 나는 그들과 어울리느라 돈을 물 쓰듯 써댔다. 그뿐인가. 유명

가수랍시고 거들먹거리고 다니면서 얼마나 잘난 척을 했는지 모른다. 지금 돌이켜보면 그때의 나는 성공이라는 옷으로 보잘 것 없는 자신을 숨기기에 급급했던 것 같다.

비참한 어린 시절, 마약 중독자였던 아버지와 불행했던 어머니, 그리고 아무것도 내놓을 것 없는 나라는 인간. 그 열등감을 어떻게든 가리고 싶어서 허세를 부리며 더 크고 좋은 것을 가지려고 기를 썼지만 돌아오는 것은 무엇으로도 채워지지 않는 텅 빈 허망함이었다.

그것이 영원히 채워지지 않을 거라는 사실을 알고 난 후, 나는 마음의 벽을 쌓았다. 그리고 누구도 받아들이지 않았다. 심지어 사랑하는 가족에게조차 문을 닫아걸었다. 급기야는 아내도, 아이들도 다 잊어버렸다. 집에 생활비를 주는 것으로 아버지로서 할 일은 다했다고 생각했다.

"먹여주고 재워주는데, 그거면 되지. 더 이상 뭘 바래!"

무능한 아버지 때문에 어려서는 거지로, 자라서는 생활고에 시달리며 살았던 내 처지와 비교하면 아내와 아이들은 감지덕지해야 한다고 생각했다. 나의 못난 열등감은 나뿐 아니라 가족들까지 사정없이 찔러댔다. 한 번씩 집에 들어가면 미안한 마음에 도리어 큰 소리를 내고 말도 안 되는 트집을 잡았다. 심지어는 아내에게 모진 소리를 해 가며 다섯이나 되는 아이들은 생각지도 않고 이혼하자는 말까지 서슴없이 했다. 그러면 순한 아내는 눈물만 뚝뚝 흘릴 뿐이었다. "당신이 어떻게 나한테 이럴 수가 있느냐?" 하고 대들기라도 하면 차라리 속이 편하련만 아내는 아무 말도 하지 않았다.

그런 생활을 하루도 아니고 한 달도 아니고 몇 년이나 했다. 그동안 우리 가족이 당한 고통은 이루 말할 수가 없었다. 아내는 신앙에 의지해서 하루하루를 겨우 살았다. 매일 '원수를 사랑하라.'는 예수님 말씀을 절절히 느끼며 나를 두고 기도했다.

나중에 아내에게 들어보니 아이들까지 나 몰라라 하는 내가 처음에는 황당하고 밉더니 나중에는 불쌍해지더란다. 내 기도를 하면 그렇게 눈물이 나면서 그저 "우리 가엾은 남편, 용서하시고 살려 주십시오."라는 기도만 나오더란다. 아이들은 아이들대로 하도 아빠를 못 보니까, 텔레비전에 내가 나오면 "아빠다!" 하고 모여들어 화면에 대고 말을 걸었다고 한다.

그날도 여느 때와 다름없이 밤새 질펀하게 놀고 피곤에 쩔어 방송국 계단을 오르던 중이었다. 아래에서 누군가가 나에 대해 이야기하는 소리가 들렸다.

"윤항기 말야. 사람이 영 못 쓰게 됐어. 변해도 너무 변했어."

"자기 아버지 판박인데, 뭘. 피는 못 속이나 보지."

그 순간, 나는 한참동안 계단에서 꼼짝 못하고 서 있었다. 그날따라 그 말이 내 가슴에 바위처럼 "쿵!" 하고 떨어졌다. 내 딴에는 지금이 인생의 절정이라고 생각하고 거들먹거리며 다녔는데 사람들의 눈에는 밑바닥이 그대로 드러나 보이는 한심한 인생이었던 것이다.

머리에서 발끝까지 내 치부를 가리고 있던 포장이 찢어지면서 내 속에 숨겨두었던 것들이 와르르 쏟아져 내리는 것 같았다. 돈도, 인기도 소용이 없었다. 마약 중독자로 인생을 마친 아버지에 망나니 아들. 아무리 아닌 척 해도 초라하고 망가진 내 모습을 숨길 수 없었다. 눈물이 주르륵 흘렀다. 신음처럼 한마디가 새어 나왔다.

"나라고 이렇게 살고 싶은 줄 알아?"

그것은 진심이었다. 나는 어떻게 사는 것이 제대로 사는 것인지 배운 적이 없었다. 어려서 조실부모하고 살아남는 것만도 힘겨웠는데 무얼 배울 수 있었겠는가! 내 인생의 스승은 추운 거리였고, 냉정한 무대였다. 나는 그곳에서 배운 대로 최선을 다해서 살았을 뿐이다.

해묵은 상처가 쿡쿡 쑤셔오면서 오랫동안 잊고 있었던 비수가 다시 날을 세워 가슴을 저며 왔다. 아픈 가슴을 움켜잡고 겨우겨우 올라가는데 갑자기 숨이 차고 어지러웠다. 그날따라 눈앞의 계단이 한없이 길고 가파르게만 보였다.

"여태 이런 계단을 쉬지도 않고 달려왔구나! 성공하겠다고 뒤도 돌아보지 않고 앞만 보고 달려왔구나!"

무엇 때문에 그렇게 살았을까. 결국 '그 아버지에 그 아들'이라는 소리밖에 못 들을 것을. 아무리 벗어나려 해도 벗어날 수 없는 것을. 숨이 찼다. 이제 그만하고 싶었다. 하지만 이제 와서 돌아갈 수는 없었다. 바로 앞이 막다른 절벽이라 해도 나는 가야만 했다. 못난 열등감을 가리겠다고 알량한 성취감에 사로잡혀 "높이! 더 높이!"를 외쳐대면서 정상을 향해 오르는 동안 스스로 인생의 출구를 닫아버렸기 때문이다. 현기증이 나고 구역질이 났지

솔로 활동 시절의 모습

만 식은땀을 흘리며 한 걸음씩 옮겨 겨우 무대에 올랐다.

그곳은 눈부신 조명이 빛나는 황홀한 미로였다. 나갈 길이 없다는 것을 뻔히 알면서도 나는 무대에 서서 마이크를 잡고 노래를 불렀다. 이것밖에 남은 것이 없다고 생각하면서……그러나 그마저도 내 것이 아니었다. 연극이 끝나고 막이 내려올 순간이 서서히 다가오고 있었다.

3부
나의 생명, 하나님

'노래하는 목사'로 살아온 지난 20년은 내게 더 없이 귀하고 소중하다. 주님의 사랑과 복음을 전하며 나는 정말 행복했다. 얼마나 좋았던지 한 사람이라도 더 많은 이들에게 전하고 싶어서 나는 오늘도 노래한다. 나의 간증을 통해 그들도 주님을 만나 회복되기를 바란다. 미움에 매여 스스로를 가두어 버린 그들이 무거운 수인囚人의 옷일랑 훌훌 벗어 버리고, 깃털처럼 가볍게 너울너울 춤을 추는 것을 보고 싶고, 주님과 함께 행복한 삶을 누리는 것을 보고 싶다.

돌아온 탕자

복희의 사고, 그리고 하나님
멀리멀리 갔다가
탕자의 귀향
죽음 앞에서

빛과 사랑

비바람 휘몰아치는 어두운 들판에서
두려움에 떨며 갈 길을 잃었네

외로움과 시련 속에서 지쳐버린 내 영혼
무릎 꿇고 앉아 두 손 모아 기도할 때

어디선가 날 부르는 다정한 음성
고개 들어보니 한 줄기 찬란한 빛

나를 인도하네 내 갈 길로
아름다운 곳 그곳으로

복희의 사고, 그리고 하나님

하나님의 뜻은 때가 되면 마치 저절로 그렇게 되는 것처럼 이루어진다. 우리는 그것을 다른 말로 자연自然이라고도 부른다. 봄이 가면 여름이 오고, 여름이 지나 가을이 되는 것처럼 그것은 조금씩 변해서 마침내 온 천하를 다른 색으로 물들이는 거대한 흐름 같은 것이다. 우리 인간은 너무도 작은 존재라 하나의 그림이 완성되고 나서야 지나간 모든 것들이 어떤 계획과 의미가 있었음을 깨닫고, 마침내 온몸으로 실감하게 된다. 하나님의 뜻 안에서는 어느 한 조각도 그냥 버려지는 것이 없고, 어떤 인생도 무의미할 수 없음을 깨닫는 순간, 비로소 우리는 창조주 앞에 머리를 숙이며 무릎을 꿇게 된다.

신실하여 나의 한 조각도 그냥 버리지 않는 그분의 뜻은 나도 모르는 사이에 내가 가장 사랑하는 두 여인, 복희와 아내를 통해

서서히 밑그림을 드러내고 있었다. 두 사람의 신앙이 아니었다면 나는 쉽게 하나님을 만나지 못했을 것이다.

거슬러 올라가서 동생 복희와 아내가 신앙을 갖게 된 경위를 이야기하자면 거기에는 복희의 특별한 체험이 있었다. 당시 복희는 미국 생활을 정리하고 한국에 정착해서 열심히 활동하던 중이었고, 우리는 '윤복희&윤항기 리사이틀'이라는 제목으로 함께 전국으로 공연을 다녔다.

그날도 대구 공연을 위해 나와 공연단은 먼저 출발하고 복희는 스케줄 때문에 나중에 자동차로 따라오기로 했다. 그런데 공연 시간이 다 되어도 복희가 나타나지 않는 것이었다. 워낙 프로 의식이 강한 복희라 공연에 늦는다는 것은 있을 수도 없는 일이었다. 누구보다도 복희의 그런 성격을 잘 알고 있었기에 내심 걱정이 되었지만 할 수 있는 일이 아무것도 없었다.

막이 올라가고, 순서가 한참이나 진행되었는데도 복희는 오지 않았다. 나는 무대 뒤에서 안절부절 못하고 있었고, 객석은 점점 술렁이기 시작했다.

"야! 윤복희, 왜 안 나와?"

"어서 윤복희를 내보내! 아니면 돈을 돌려주든가."

관객의 야유보다 복희에 대한 걱정으로 미칠 것만 같았다. 공연이 끝날 시간이 다 되어서야 저만치서 복희가 헉헉거리며 뛰어들어왔다. 복희는 숨 돌릴 틈도 없이 입은 옷 그대로 분장도 못한 채 무대에 서서 관객에게 사과한 뒤, 노래를 시작했다. 나는 겨우 가슴을 쓸어내렸다.

나중에 들어보니 복희가 탔던 차가 빗길에 미끄러져서 몇 바퀴나 구르는 대형 사고가 났다는 것이다. 나는 깜짝 놀랐다. 왜냐하면 그런 사고가 났는데도 복희는 머리털 하나 상하지 않고 멀쩡했기 때문이다. 그뿐이 아니었다. 얼굴이 발갛게 상기되고 눈이 반짝반짝한 것이 몹시 흥분한 상태였다.

"오빠, 오빠. 나, 하나님을 만났어요. 하나님이 나를 살려주셨어요! 차가 뒤집히는 순간, 지금까지의 삶이 눈앞에 지나가는데 내가 얼마나 잘못 살았는지 알겠더라고요. 이렇게 죽는구나 싶어 정신이 아득했는데, 정신을 차려보니 차는 중앙선에 걸쳐져 있고 나는 그대로 앉아 있지 뭐예요. 너무 놀라서 아까 일이 꿈인가 싶어서 차에서 내렸는데, 모두 현실이었어요. 하도 신기해서 주변을 살펴보는데……오빠, 분명히 비가 내리고 있었는데 갑자기 파란 하늘이 내 머리 위로 펼쳐지면서……내 마음 속에 꽉 차 있던 근심, 걱정 같은 것들이 싹 사라졌어요. 무엇인가 내 마음에 말 못할 평안이 가득 찼어요. 오빠, 나 이제 괜찮아요. 정말 괜찮아요. 걱정 말아요."

처음에는 복희가 사고 충격으로 헛소리를 한다고 생각했다. 머리를 다친 건 아닌지 걱정이 되었지만 좋아서 떠들어대는 복희를 보면서 차마 그 소리는 할 수 없었다. 그저 큰 사고가 나지 않아서 다행이라고만 생각했다. 그도 그럴 것이 그때의 나는 전혀 신앙이 없었기 때문이다. 복희가 죽음의 순간에서 만난 하나님, 그 하나님이 주시는 평안, 그리고 믿음은 성령의 능력이었다.

그날 이후 복희는 크리스천이 되었다. 서울로 돌아가자마자고 곽규석 목사님이 하시던 성경공부 모임에 나가기 시작했다. 곽 목사님은 그때만 해도 목사님이 아니라 잘 나가는 MC였는데, 주변의 연예인들을 모아 당신 집에서 성경공부를 인도하실 정도로 신앙심이 좋으셨다.

그때 그 성경공부 모임을 지도하시던 전도사님이 바로 지금의 온누리 교회의 하용조 목사님이셨다. 처음에는 복희만 그 모임에 다녔는데 곧 집사람도 같이 나가기 시작했다. 그 모임은 나중에 연예인 교회(지금의 예능 교회)로 발전했고 우리 집 두 여인도 자연히 그 교회를 다니기 시작했다.

나 역시 처음에는 복희와 아내가 좋아하니까 부지런히 기사 노릇을 하며 별 말을 하지 않았지만, 갈수록 심사가 꼬이기 시작했다. 발단은 복희가 더 이상 잘 나가는 쇼 무대에 서려 하지 않는다는 것이었다. 교회를 다니면서부터 동생은 돈이 될 만한 유흥업소나 밤무대 또는 휴일 공연을 안 하겠다고 고집을 부렸다. 신앙이 없는 나로서는 이해가 가지 않는 일이었다. 내 눈에는 복희가 광신자처럼 보였고, 한 술 더 떠서 아내까지 못마땅했다.

그 후 집에서 멀어지면서 복희와 아내를 얼마나 핍박했는지 모른다. 지금 생각하면 참으로 부끄럽고 어처구니없는 일이었다. 그래도 두 사람은 교회 다니는 것을 그만두지 않았고 틈이 날 때마다 내게 함께 가자고 권했다. 나는 아예 집을 나오다시피 했지만 두 사람은 끝내 나를 포기하지 않았다.

그들은 자기들을 정신병자 취급하면서, 오빠로서 남편으로서 해서는 안 될 말과 행동으로 찔러대는 나를 위해 날마다 기도했

가족과 함께

다. 그 앞에서 절대 교회는 가지 않을 거라고, 내가 예수를 믿으면 윤항기가 아니라 개항기라고 고함을 질러댔지만, 그들의 손을 잡고 무릎을 꿇고 엎드러지기까지는 그리 오랜 시간이 걸리지 않았다. 하나님이 정한 시간이 서서히 다가오고 있었던 것이다.

멀리 멀리 갔다가

🎼 1976년 어느 날이었다. 여전히 바깥 생활을 하고 있던 때였는데 하루는 아내가 기도하는 꿈을 꾸었다. 일어나 보니 기분이 찜찜한 것이 영 불안했다. '집에 너무 오래 안 들어가서 이런 꿈을 꾸었나?' 싶기도 하고, 한편으로는 집에 무슨 안 좋은 일이라도 있는 건 아닌가 걱정도 되었다. 결국 그날 밤 늦게 몇 달 만에 집에 들어갔다.

그런데 아내가 보이지 않았다. 일 봐주는 아주머니와 아이들만 있는 것을 보고 나는 아내가 도망간 줄 알았다. 그렇게 오랫동안 속을 썩였으니 도망을 갔대도 할 말이 없었다. 머리로는 그렇게 생각했지만 심장은 쿵쾅거렸다. 사실 그렇게 밖으로 돌아다니면서 집안을 돌보지 않으면서도 나는 아내를 철썩 같이 믿고 있었던 것이다. 내 아내가 보통 마누라인가! 애를 둘이나 혼자 낳으면서도 내 곁을 굳건히 지켜준 아내가 아니던가. 그런데 그런 아내가 사라진 것이다. 가슴이 철렁 내려앉았다.

"어……엄마, 어디……가셨니?"

마른 침을 삼키며 더듬더듬 물었더니 아이들 말이 엄마가 교회에 갔다는 것이다. 교회라고. 다 늦은 밤에 무슨 놈의 교회를 간단 말인가. 뭔 짓을 하러 갔단 말인가! 바짝 쪼그라들었던 간이 부어올라 나는 한달음에 교회로 달려갔다. 가자마자 냅다 발로 차서 교회 문을 열어젖혔다. 아내는 불 꺼진 예배당에 엎드려 혼자 기도하고 있었다. 그 모습에 얼마나 부아가 나던지 나는 아내를 끌고 나오면서 교회 문을 다 부숴버렸다.

"이……이 밤에 애들 팽개쳐 놓고 교……교회가 뭐야! 아주 돌았구나!"

씩씩대면서 아내를 집에 데려다 놓고 그길로 나는 또 문을 나섰다. 아이들이 울면서 "아빠" 하고 바짓가랑이를 잡고 매달렸지만 모질게 떼어 버리고, 이리저리 휘둘려 엉망이 된 아내에게 눈길조차 주지 않은 채 집을 나와 버렸다. 마치 무엇에 씐 것처럼 이성을 잃고 한참 광분하고 나니 갑자기 소름이 끼쳤다. 내가 왜 그랬을까.

그 아버지에 그 아들. 어디선가 또 차가운 음성이 들렸다. 그 익숙한 음성은 이미 내 안에 깊이 뿌리를 내리고 열매까지 맺고 있었다. 예전에는 아버지를 닮은 내 모습을 발견할 때마다 화들짝 놀랐는데 이제는 무심히 그 열매를 따먹고 사랑하는 아내에게까지 태연히 권하고 있었다. 내가 아프니 너도 아파라. 내가 망가졌으니 너도 망가져라. 그 모습은 내가 보아도 소름 끼치게 아버지를 닮아 있었다. 아무리 벗어나려 해도 나는 마약과 방탕함으로 재능과 인생을 허비해 버린 윤부길의 아들이었다. 어느 곳에도 뿌리 내리지 못한 채 부초처럼 떠도는 인생, 거기다 늘 세상과 남의 탓만 하는 못난 열등감 덩어리였다. 한 걸음 한 걸음 내디딜 때마다 보이지 않는 족쇄가 천근만근 무거워지는 느낌이었다.

어차피 제대로 살기는 틀렸다고 포기한 지 오래였다. 그런데 나도 포기한 내 인생을 구제하겠다고 아내는 이 늦은 시간까지 교회의 차가운 마룻바닥에 엎드려 기도하고 있었던 것이다. 지난

밤 꿈에 본 그대로 무릎 꿇고 기도하던 아내의 모습이 눈에 어렸다. 그대로 발길을 돌려 집으로 가고 싶었다. 하지만 그러기에 나는 너무 망가져 버렸다. 가슴이 다시 뜨끔거리고 숨을 쉴 수 없을 정도로 아팠다.

아이러니하게도 안으로는 그렇게 캄캄한 절망이었던 것과는 대조적으로 당시 가수로서 나의 인기는 최고였다. 그 전 해인 1975년에는 〈나는 어떡하라고〉가 빅 히트를 기록하면서 동명의 영화까지 나왔는데, 말을 더듬는 내가 주연을 맡아 복희와 함께 출연했다. 그 정도로 잘 나가고 있었으니 연예계 생활을 정리한다는 것은 쉽지 않았다. 게다가 곧 있을 연말의 가요대상에도 수상 후보로 선정되어 있는 상태였다. 나는 아직도 무대에서 할 것이 너무 많았다.

그 즈음이었다. 내 가슴이 수시로 답답해진 것은. 종종 노래를 부를 때도 숨이 찼고, 자주 어지러웠다. 그저 무리를 해서 그런 것이라 여기며 날마다 사람들을 만나고 공연을 하러 분주하게 쫓아다녔다. 저녁 공연부터 시작된 하루 스케줄은 밤이면 연예 관계자들을 접대하는 것으로 마무리되었다. 허구헌날 그러고 지냈으니 몸이 온전할 리가 없었다. 계속 마르고 얼굴이 시커멓게 죽어갔다. 그때 내 모습을 보면 눈초리가 쭉 찢어져 올라가고 광대뼈가 툭 튀어나온 것이 영락없는 저승사자였다. 그 꼴로는 도저히 무대에 설 수 없어서 하얗게 분칠을 하고 흰색 옷을 입었다. 그러면 좀 화사하고 밝아보였다.

드디어 연말 가요제가 다가오고 있었다. 나는 만반의 준비를 했고 이번만큼은 자신이 있었다. 최고의 노래를 부르고 최고의 갈채를 받고 최고의 상을 받기만 하면 되었다. 막이 오르기를 기다리는 관객들로 입추의 여지없이 객석이 가득 차고, 악단의 팡파르가 두두둥 울리면서, 무대 하나 가득 조명이 눈부시게 쏟아졌다. 그러나 바로 그 순간, 인생의 막이 내려올 시간이 내 앞에 코를 들이대며 냄새를 맡고 있었다. 그것은 다름 아닌 죽음의 냄새였다.

그날 나는 무대에서 제대로 노래를 부를 수 없었다. 감기라고만 여겼는데 갑자기 가슴이 불에 타는 것처럼 뜨겁고 숨이 쉬어지지 않았다. 식은땀이 비 오듯 흐르는 바람에 분장이 지워져 얼굴은 온통 얼룩지고 말았다. 겨우 노래를 마치고 무대 뒤로 와서 기침을 하는데 무엇이 울컥 하더니 입을 막은 손에 뜨거운 것이 쏟아졌다. 피였다.

퍼뜩 예전에 베트남에서 앓았던 폐결핵 생각이 났다. 그럴 리 없다고 고개를 흔들었지만, 다시 왈칵 피가 솟구쳤고 나는 각혈을 하면서 그만 의식을 잃고 말았다. 그대로 고꾸라져 쓰러지면서 이제껏 쌓아왔던 모든 것이 와르르 무너지는 소리를 들었다. 무엇인가 겨우 붙잡고 있던 것이 툭 끊어지는 것도 같았다. 사람들의 웅성거리는 소리가 아득히 멀어지고 아주 먼 옛날 들었던 안골의 교회 종소리가 다시 귓전에 울렸다. 생각나는 것은 단 하나, 아내의 얼굴이었다.

탕자의 귀향

🎼 "폐가 아주 못 쓰게 되었습니다. 이 지경이 되도록 뭐 하셨습니까? 당장 치료받고 안정을 취하지 않으면 위험합니다."

의사의 어조는 단호했고 눈빛은 나무라는 기색이 역력했다. 사람들의 말이 병원 응급실로 옮긴 뒤에도 나는 한참 동안이나 정신을 못 차렸다고 한다. 의식을 찾은 후 사진을 찍어 본 결과 내린 의사의 진단은 마른하늘에 날벼락이었다. 몸을 돌보지 않아서 결핵이 재발한 것이었다. 그냥 재발한 것이 아니라 엄청나게 진행이 된 상태였다. 그러고 보니 요즘 가슴이 자주 답답하고 부쩍 몸무게가 줄었다. 그뿐인가. 매사에 무력하고 힘이 들었다. 하지만 병이라는 생각은 미처 하지 못했다. 사진을 보니 한쪽 폐가 거의 시커멓게 죽어 있었다. 폐결핵에 대해 모르면 모를까, 이미 한 번 전력이 있었던 터라 그것이 무엇을 의미하는지 나는 잘 알고 있었다.

폐결핵은 몸이 약해져서 걸리는 병이다. 일단 결핵균에 감염되면 폐가 나빠져서 몸이 더 약해지고, 그러면서 폐가 더 나빠지는 악순환이 계속된다. 엄청나게 독한 약을 아주 오랫동안 장복하면서 결핵균만 잡는 게 아니라 사람까지 잡는 것이 그 병이었다. 그래서 폐병은 오늘 내일이 없다. 시름시름 앓다가 마침내 피를 토하고 쓰러지면 죽는 것이다. 게다가 한쪽 폐가 다 망가졌다니. 난 가수다. 가수가 한쪽 폐만 갖고 어떻게 노래를 한단 말인가. 내게 그것은 사형선고나 다름이 없었다.

지금이야 좋은 약이 많지만, 그때만 해도 폐결핵은 난치병이었다. 게다가 전염력이 강해 사람들과 접촉을 할 수도 없었다. 그래서 많은 결핵 환자들이 요양소 같은 시설에서 격리 치료를 받곤 했다. 나는 한참 동안 멍하니 있다가 겨우 몸을 추슬러 일어났다. 하지만 어디로 간단 말인가. 아무것도 생각이 나지 않았다.

"선배님, 일단 집으로 가세요."

옆에서 후배가 챙겨주는 말도 귀에 들어오지 않았다. 집에 들어가라고. 무슨 낯으로? 가수생활도, 건강도 끝장 난 마당에 어떻게 아내 얼굴을 본단 말인가. 아내 가슴에 그렇게 대못을 박아놓고 어떻게 이 꼴로 집에 돌아간단 말인가. 비칠비칠 일어나 겨우 응급실을 나왔는데 아무 데도 갈 곳이 없었다. 그때 갑자기 늦은 밤 교회에서 기도하던 아내의 모습이 생각났다. 처음으로 왜 아내가 그 늦은 시간까지 교회에서 기도를 하고 있었는지 이해가 되었다.

"당신도 갈 곳이 없었구나. 나 때문에 당신도 갈 곳이 없었구나. 그래서 그 늦은 시간에 교회에서 울고 있었구나."

그제야 알았다. 내가 아무리 모질게 대해도 말없이 참기만 하던 아내의 마음이 얼마나 힘들었을지. 이기적이고 제멋대로인 나 때문에 얼마나 아팠을까. 얼마나 미웠을까. 단 한 번도 드러내지 못했지만, 마음 밑바닥에 늘 아내에 대한 미안함이 있었다. 죽을 때 죽더라도 마지막으로 아내 얼굴을 보고 잘못했다고, 용서해 달라고 빌고 싶었다. 그 말 한마디를 못하면 죽어서도 눈을 못 감을 것 같았다. 아내가 문전박대를 해도 좋고, 날 보고 욕하며 쫓아내도 상관없었다.

"그래. 지……집으로 가자. 집으로."

막상 대문 앞에 서니 차마 들어갈 용기가 나지 않았다. 선뜻 초인종을 누르지 못하고 우물쭈물 하는데 갑자기 문이 열렸다. 아내였다. 나는 겨우 입을 열었다.

"여……여보, 나야."

아내는 후배의 연락을 받고 나를 마중 나온 길이었다. 건강하고 잘 나갈 때는 제멋대로 살겠다며 집을 나가버린 남편이 다 죽게 되어서야 돌아왔는데도 아내는 아무 말이 없었다. 아내를 따라 집에 들어서자 아이들이 "아빠!"하고 와락 달려드는데 나도 모르게 외면을 하고 말았다. 결핵이 옮을까봐 걱정도 되었지만, 지난번 그렇게 모질게 뿌리치고 나갔던 것 때문에 미안해서 아이들 얼굴을 마주 볼 수가 없었다. 그때였다.

"안아 주세요. 아이들이 당신을 얼마나 기다렸는지 몰라요."

아내도 울먹이고 있었다. 그제야 나는 고개를 돌려 아이들과 아내의 얼굴을 보았다. 미안하다는 말 대신 눈물이 솟구쳤다. 눈물을 참을 수 없어 무릎을 꿇고 엎드려 우는데, 울음이 그치질 않았다. 알 수 없는 그 누군가에게 너무 미안했고, 내가 알았던 모든 이들의 얼굴이 스쳐가면서 후회의 눈물이 끊임없이 흘러내렸다. 울고 있는 내 손을 잡아 준 것은 다름 아닌 아내였다. 마치 오랫동안 내가 돌아오기를 기다려온 누군가가 "잘 왔다." 하며 안아주는 것만 같았다. 그 손길에 한없이 부끄럽고 그만 안심이 되어 나는 또 어린 아이처럼 울고 말았다.

다음날부터 아내는 정성을 다해 간병하기 시작했다. 예전에 베트남에서 돌아왔을 때 그랬던 것처럼 결핵에 좋다는 것은 다 해보았지만 별 차도가 없었다. 그때와는 비교할 수 없을 정도로 상태가 나빴던 것이다. 한 번씩 물컹한 핏덩이를 토할 때마다 흑색으로 죽어가는 내 얼굴을 보면서 아내의 얼굴도 어두워졌다. 내 상태가 얼마나 심각하지 짐작할 수 있었다. 1976년 겨울, 나는 아버지의 집으로 돌아가는 탕자였다. 그러나 나를 기다리고 있는 것은 아버지가 아니라 죽음이었다.

죽음 앞에서

🎼 그 겨울 내내 나는 반송장이나 다름이 없었다. 사지는 점점 앙상해지고 누운 자리에선 뭔지 모를 불쾌한 비릿한 냄새가 났다. 한 번씩 눈을 뜨고 있는데도 정신이 몽롱해져서 소스라치게 놀라곤 했다. 그때마다 불안감에 몸을 떨었다.

이 겨울을 무사히 보내고 봄이 오는 것을 볼 수 있을까. 잠들 때마다 이대로 깨어나지 못하면 어쩌나 하는 불안함에 아내와 아이들의 얼굴을 한참씩 쳐다보곤 했다. 이제 겨우 돌을 지난 막내부터 큰딸까지, 올망졸망한 아이들을 볼 때마다 가슴이 미어졌다.

그 무렵 우리 집에 하루가 멀다 않고 문병을 오는 사람들은 예전에 잘 나갈 때 어울리던 친구들이 아니었다. 폐결핵에 걸렸다는 소문이 퍼지자마자 그들은 모두 내 곁을 떠나갔다. 세상의 인심은 참으로 무심했다.

홀로 남은 나를 찾아주고 격려해 준 것은 다름 아닌 아내가 다니는 교회의 교인들이었다. 예전에 교회 문을 박살내고 아내와 복희를 핍박한 것을 생각하면 면목이 없었다. 그렇게 오랫동안 외면하고 냉대했는데, 이제는 하나님밖에는 매달릴 데가 없었다. 정신을 차려보니 어느새 나도 그분께 기도를 하고 있었다.

"하나님, 제 아이들을 저처럼 부모 없이 가난과 외로움 속에서 자라게 할 수는 없습니다. 제발 살려주십시오."

이미 20년도 지난 일인데, 어제 일인 듯 생생했다. 몸은 병상에 누워 있었지만, 나는 아직도 추위에 떨며 청계천을 헤매던 거지 소년이었다.

"아저씨, 한 푼만 주세요, 아줌마, 배가 고파요……하룻밤만 재워 주세요."

눈물이 베갯잇을 적시고 손이 곱아들었다. 너무 춥고 외로워서 견딜 수가 없었다. 그리고 두려웠다. 죽음 너머에 무엇이 있는지는 모르지만, 죽음 이후에 남겨진 사람들의 삶이 얼마나 비참한지 누구보다도 잘 알고 있었기 때문이다. 살고 싶었다. 아니, 살아야 했다.

이를 악물고 어떻게든 일어나려고 용을 쓰는데 목에서 그르렁그르렁 소리가 울리며 숨이 가빠오고 식은땀이 온몸을 적셨다. 그렇게 하루에도 몇 번씩 나는 생사를 넘나들었다.

그런 나를 위해 아내는 아내대로 40일 금식기도를 시작했다. 주변에서는 환자 간병하는 사람이 그렇게 금식을 하면 안 된다고, 몸이 약해져 폐병을 옮는다면서 말렸지만, 아내는 생명은 하나님의 것이라는 말씀을 붙들고 매달렸다.

"여보, 이제 우리가 할 수 있는 것은 아무것도 없어요. 당신을 살릴 수 있는 분은 하나님뿐이에요."

일주일이 넘어가자 아내는 눈에 띄게 수척해졌다. 이러다 저 사람마저 잘못되면 큰일이라는 생각에 말렸지만, 한편으로는 아내의 앙상한 등에 목이 메었다. 돌이켜보면 내가 얼마나 몹쓸 짓을 많이 했는가. 세상에서 아내의 마음을 가장 아프게 한 사람은 다름 아닌 바로 나였다. 그런데 아내는 그런 나를 위해 목숨을 건

기도를 하고 있는 것이다.

훗날 아내는 그때 일을 이렇게 고백했다.

"한참 당신이 밖으로 돌 때는 원수 같았지요. 내 인생이 너무 억울했고 아이들이 걱정되어 당신이 얼마나 미웠는지 모릅니다. 그 미움을 어쩌지 못해 매일 밤마다 당신을 기다리면서 교회에서 기도를 했습니다. 그렇게라도 하지 않으면 미칠 것만 같았으니까요. 그러다 당신이 덜컥 폐병에 걸려 돌아온다고 했을 때, 나는 이것이 내 십자가라고 생각했습니다. 원수를 사랑하라는 주님의 말씀이 원망스럽기까지 했습니다. 그런데 당신이 엎드려 울고 있는 모습을 보고 비로소 알았습니다. 이 사람은 돌아온 탕자로구나. 나의 원수가 아니라 주님의 아들이구나. 그제야 당신을 받아들일 수 있었습니다. 하지만 당신의 병이 깊어가는 것을 보며 내 마음 밑바닥에 아직도 당신을 온전히 용서하지 못하고 있다는 것을 깨달았습니다. 내 마음과 의지로는 도저히 당신을 용서할 수 없다는 것도 알았습니다. 그래서 기도를 시작했습니다. 당신을 정말로 용서하게 해달라고, 그리고 살려달라고. 그 기도는 당신을 위한 것이기도 했지만, 사실은 내가 살기 위해 했던 것이었습니다. 당신을 미워하면서 보낼 수는 없었습니다."

어느 날 새벽이었던가. 기침을 하다 눈을 떠 보니 아내가 내 자리 옆에서 무릎을 꿇고 기도하고 있었다. 어슴푸레한 새벽빛에 보이는 그 뒷모습이 너무 낯익어 한참을 멍하게 보고 있었다. 그때 아내가 어깨가 들썩이며 울먹거렸다.

"하나님! 불쌍한 우리 애들 아버지, 살려주십시오! 제발 살려

주십시오."

갑자기 눈물이 핑 돌더니 주르륵 흘러내렸다. 그것은 다름 아닌 어머니의 모습이었다. 아버지로 인해 모든 것을 잃고 청계천에서 움막을 짓고 살 때 그곳 천막교회에서 처절할 정도로 부르짖던 어머니의 기도. 우리 남매를 하나님께 맡기고 다시는 돌아올 수 없는 길을 떠나셨던 어머니의 마지막 기원. 오랫동안 잊고 있었던 어머니의 기억이 저 밑바닥에서 나를 움직였다. 가슴에서 쩍 소리가 나더니 심장이 너무 아팠다.

"어머니, 어머니……!"

그 옛날 절망으로 몸부림치던 어머니의 모습 위로 아내의 그림자가 겹쳤다. 어머니가 아버지 때문에 하나님에게 매달렸던 것처럼, 아내 역시 나 때문에 40일이나 금식하며 기도를 하고 있었다. 어머니의 슬픈 얼굴을 마주한 것도 같고, 아내의 손길을 느낀 것도 같았다.

짧은 순간이었지만 내가 살아온 인생이 영화처럼 스쳐가면서 아득해졌다. 여지껏 나는 내가 아버지보다는 낫다고 생각하며 살았다. 나는 아버지처럼 아내와 자식들을 벌거숭이로 내팽개치지는 않았다. 먹여주고 재워주었고, 동냥질을 시키지도 않았다. 적어도 나는 아버지처럼 마약 중독자는 아니지 않은가!

그러나 아니었다. 나도 아버지와 다를 바 없었다. 아버지가 그랬던 것처럼 자기만 생각하는 철저한 이기주의자였다. 나 역시 제멋대로 살면서 가장 소중한 이들의 가슴을 짓밟고 있었다. 눈앞에 내가 저지른 죄와 그로 인해 아파하는 사람들의 고통스러워하는 모습이 생생하게 지나갔다. 다 내가 뿌린 씨였다.

"하나님, 잘못했습니다. 제가 죄인입니다. 용서해 주십시오."

그 새벽 내내, 나는 진심으로 하나님 앞에서 내 잘못을 고백하고 뉘우쳤다. 기회가 주어진다면, 다시는 그렇게 살지 않겠다고 다짐했다. 아니, 할 수만 있다면 모든 것을 다시 시작하고 싶다고 부르짖었다. 돌이켜보면 그것이 나의 첫 번째 회심이었다.

며칠 뒤, 아내의 교회 목사님께서 심방을 오셨다. 여느 때는 예배가 끝날 때까지 가만히 있곤 했지만 그날은 달랐다. 나는 목사님께 신앙고백을 하고 싶다고 청했다. 내 죄를 낱낱이 고백한 지금이야말로 가장 좋은 때인 것 같았다.

"예수 그리스도를 구주로 믿습니까?"

"네!"

간단한 질문과 대답이었지만, 이 한마디를 하기까지 얼마나 많은 일들이 있었던가. 옆에서 지켜보던 아내가 눈물을 훔치는 것을 보면서 내 목소리도 떨렸다.

잠시 후 목사님이 말씀을 마친 뒤 이마에 손을 얹고 기도를 하시는데, 생각지도 못한 일이 일어났다. 갑자기 이마가 뜨뜻해지더니 그 기운이 머리부터 발끝까지 관통했다. 피가 돌지 않아 차갑게 식었던 몸에 온기가 돌기 시작했고 답답했던 가슴이 시원하게 뚫렸다. 아픈 심장이 생수가 솟아오르는 것처럼 퐁퐁거리며 뛰었다. 그리고 눈앞이 환하게 밝아왔다.

그 경험이 무엇인지 설명할 능력이 내게는 없다. 나중에야 그날 내가 받은 것이 성령이었다는 것을 알았지만, 그때는 아무것도 몰랐다. 다만 지금도 기억나는 것은 뜨거움 가운데 씩씩거리던 숨이 진정되면서 마치 산들바람이 불어오는 것처럼 끊임없이 시원한 기운이 폐에서 흘러나왔다는 것이다. 한 번씩 숨을 들이쉬고 내쉴 때마다 무엇인가 내 안에서 새로워지고 있음을 느낄 수 있었다. 그리고 마침내 내 안에 어떤 것이 충만해지자 나도 모르게 눈물이 나기 시작했다. 뭐라 말할 수 없이 속이 후련하고 가슴이 벅차올라 눈물을 참을 수가 없었다. 이유도 모를 기쁨이 내 영혼의 깊은 곳에서 분수처럼 솟구쳤다.

그날 이후 나의 폐결핵은 거짓말처럼 치유되었다. 반이 넘게 상해서 운신도 못하던 내가 일어나 앉고, 움직이고, 다시 노래를 부르게 되었다. 어떤 이들은 치료의 결과라고 말하기도 하고, 어떤 이들은 원래 그렇게 위중한 상태가 아니었을 것이라고 말하기도 한다.

그러나 이 모든 것들은 있을 수 없는 일이 일어났을 때 그것을 억지로라도 이해하기 위해서 하는 변명일 뿐이다. 당사자인 나와 아내는 누가 뭐래도 하나님이 나를 살려 주셨다고 믿는다. 왜냐하면 그것은 우리가 직접 체험한 '기적'이었기 때문이다.

겨울이 가고 봄이 올 무렵, 나는 마침내 자리를 털고 일어나 참으로 오랜만에 외출을 할 수 있었다. 날씨는 아직 쌀쌀했지만 나뭇가지마다 어린잎을 밀어내는 겨울눈이 빼곡했다. 모진 겨울을 지내고 봄을 맞이한 그것들을 보니 마치 죽음의 싸움을 마치고 돌아온 나를 보는 것만 같아서 손을 뻗어 정성스럽게 어루만졌다. 부드럽고 여린 잎이었다.

그러나 그 여린 잎들을 기다리고 있는 것은 아직도 매서운 꽃샘바람이었다. 세찬 봄바람에 나무가 흔들릴 때마다 잎들은 파들거렸지만 뿌리는 물을 끌어올리겠다고 땅속 깊이 뻗어 내리며 꿋꿋이 버티고 있었다. 봄은 이제 막 시작되고 있었고, 바람은 차가웠다. 나의 신앙도 잎보다 뿌리를 먼저 내려야 했다.

chapter 9

여러분!

네가 만약 외로울 때면
서울 국제가요제
두 주인을 섬기지 말라
교회 음악 공부를 시작하다

여러분

네가 만약 괴로울 때면
내가 위로해 줄게
네가 만약 서러울 때면
내가 눈물이 되리

어두운 밤 험한 길 걸을때
내가 내가 내가 너의 등불이 되리
허전하고 쓸쓸할 때
내가 너의 벗 되리라

나는 너의 영원한 형제야
나는 너의 친구야
나는 너의 영원한 노래야
나는 나는 나는 나는
너의 기쁨이야

네가 만약 외로울 때면

성경의 '돌아온 탕자의 비유'를 생각할 때마다 떠오르는 의문이 있다. 그렇게 돌아와 아버지 품에 안긴 둘째 아들은 그 후로 어떻게 살았을까. 제멋대로 사는 것이 몸에 밴 둘째 아들에게 아버지와 사는 것은 답답한 일이었을지도 모른다. 한편으로는 아버지의 재산을 빼앗다시피 해서 고향을 떠난 주제에 모두 탕진하고 거지꼴이 되어 돌아왔으니 누가 뭐라 하지 않아도 눈치를 보며 살았을지도 모른다. 과연 탕자는 효자가 되어 오랫동안 아버지와 함께 행복하게 살았을까. 내 경험을 비추어 볼 때, 그것은 쉬운 일이 아니다.

몸이 건강해지자 나는 교회부터 찾았다. 그동안 기도해 주신 목사님과 성도들께 감사 인사도 드리고 새신자로 등록해서 열심히 다녔다. '그래, 나는 다시 태어난 거야!' 열정적으로 성경공부

모임에도 나가고 복희와 아내에게 도움도 청했다. 워낙 확실한 체험을 했기 때문에 하나님의 존재에 대한 의심은 없었다. 하지만 시간이 흐르면서 처음의 열정은 조금씩 희미해졌다. 하나님은 믿지만, 하나님 뜻대로 사는 것에는 관심이 없었다.

폐결핵이 나았다는 사실이 알려지자 내 주변에는 예전처럼 사람들이 모여들었고, 나는 돈을 번다는 구실로 다시 유흥업소의 무대에 섰다. 병상에서의 절박했던 매달림은 어느새 옛날 일이 되어 버렸고, 점차 주일예배만 겨우 드리는 선데이 크리스천이 되어갔다. 아내와 복희는 그런 나를 불안하게 지켜봤지만, 다만 믿음으로 기도하고 있었다.

그 무렵이었다. 미국에서 돌아와 나름대로 잘 살고 있던 복희에게 어려움이 닥친 것은. 본인이 원하지 않기 때문에 지면에 밝힐 수는 없지만, 그것은 복희나 나에게 신앙을 가진 후 처음으로 닥친 큰 시련이었다. 죽어가던 생명을 살려주셨으니 곱고 화려한 꽃을 볼 줄 알았는데, 정작 우리 앞에 닥친 것은 또 캄캄한 어둠이었다. 지금 생각하면 연단의 과정이었지만, 그때는 그저 기가 막힐 따름이었다.

누구보다도 하나님을 사랑하고 하나님 중심으로 살려고 애쓰는 복희에게 닥친 시련을 나는 도저히 이해할 수 없었다. 오빠인 나도 그랬으니 당사자인 복희는 얼마나 힘이 들었겠는가. 나는 그런 복희의 고통 아니, 복희가 상처받도록 내버려둔 하나님을 받아들일 수 없었다. 전지전능한 신이라면 복희의 불행을 미리 막아주셨어야 하지 않는가. 왜 섶을 지고 불구덩이로 뛰어들도록 손 놓고 계셨던 것인가. 이게 무슨 사랑의 하나님인가! 나는 소리 소리 지르면서 하나님께 대들었다.

복희는 방에 틀어박힌 채 거의 보름이나 밥도 먹지 않고 출입도 하지 않았다. 아무리 문을 두드려도 꿈쩍도 하지 않았다. 저러다 큰일 나겠다 싶어서 제발 문 좀 열라고 애걸을 해도 안에서는 아무 소리가 없었다.

"복희야, 복희야! 이 문, 열어."

급기야 문을 부수려고 하는데 옆에서 보고 있던 아내가 나서며 말렸다.

"여보, 지금 누가 고모의 깊은 상처를 위로해 줄 수 있겠어요? 아무도 할 수 없어요. 오직 하나님만 그 상처를 싸매 주실 수 있으니 우리 기도해요. 기도해요, 여보."

방금 전까지만 해도 하나님한테 난리를 쳤지만, 그것은 다름 아닌 나 자신에 대한 자책이었다. 나야말로 복희가 잘못된 결정을 하는 것을 처음부터 끝까지 지켜본 사람이었다. 그런데 말리기는커녕 오히려 부추기지 않았던가. 오빠가 되어서 동생이 저렇게 망가지기까지 그냥 내버려뒀다는 사실이 미안해서 견딜 수가 없었다.

"하나님, 제 동생 복희 좀 도와주십시오. 저를 살려주셨던 것처럼 우리 복희도 살려주십시오. 제가 할 수 있는 것이 아무것도 없습니다."

얼마나 기도를 했을까. 갑자기 내 머릿속에 성경구절이 떠올랐다. 복희가 자주 외우던 이사야 41장 10절의 말씀이었다.

"두려워하지 말라 내가 너와 함께 함이라 놀라지 말라 나는 네 하나님이 됨이라 내가 너를 굳세게 하리라 참으로 너를 도와 주리라 참으로 나의 의로운 오른손으로 너를 붙들리라"

순간 그 말씀이 하나님이 복희에게 주신 말씀이라는 것을 깨달았다. 어느새 나도 모르게 그 말씀을 가사로 곡을 만들고 있었다. 마치 누가 옆에서 불러주기라도 하는 것처럼 정신없이 곡을 만들고 가사를 붙였다. 그것은 절망 속에서 고통스러워하고 있는 동생을 위해서 내가 할 수 있는 전부이자 최선의 기도였다. 굳게 닫힌 복희의 방문 앞에 서서, 이 곡은 너를 위한 노래라고, 하나님이 네게 주시는 메시지라고 이야기하고 조용히 불러 주었다.

네가 만약 괴로울 때면 내가 위로해 줄게.
네가 만약 서러울 때면 내가 눈물이 되리.
어두운 밤 험한 길 걸을 때 내가 너의 등불이 되리.
허전하고 쓸쓸할 때 내가 너의 벗 되리라.
나는 너의 영원한 형제야.
나는 너의 친구야.
나는 너의 영원한 노래야.
나는 너의 기쁨이야.

그 곡이 〈여러분〉이었다. 인생은 결국 외로운 것이고, 우리는 고통스러운 길을 홀로 가야만 할 때를 만난다. 그 길은 누구도 함께 갈 수 없는 길이다. 가족도 함께 갈 수 없고, 연인도 함께 갈 수 없다. 그 곁에는 오직 한 분, 하나님만 동행하실 수 있다. 이제 처절하게 혼자만의 길을 가야하는 복희, 내 동생을 위해 하나님이 함께해 주시길. 부디 저 아이를 불쌍히 여기셔서 힘을 주시기를. 노래를 부르는 내내 나도 목이 메었다.

잠시 후 방문이 열리고 복희가 나오더니 눈물로 얼룩진 악보를 받아들었다. 우리 남매는 그 노래를 같이 불렀다. 아니 주님과 함께 불렀다. 그날 불렀던 우리의 노래는 이제껏 우리가 수없이 불러왔던 노래들과는 달랐다. 영혼의 아픔이 그대로 드러나지만, 결코 절망하지 않는 노래. 어둔 밤, 길을 인도하는 등불 같은 노래. 다시 살아나는 부활의 노래! 황폐해진 복희의 얼굴 위로 눈물이 쉴 새 없이 흘러내렸지만 나는 그 속에서 다시 생명의 빛을 발견했다.

"결코 홀로 내버려두지 않겠노라"는 하나님의 메시지는 사망의 음침한 골짜기를 지나는 동안 지팡이가 되어 주셨고, 거듭난 내 인생의 빛이 되어 주셨다. 그랬다. 복희와 나의 인생은 〈여러분〉, 그 한 곡으로 완전히 달라졌다. 우리는 하나님이 오래 전부터 우리를 위해 가꾸어 오신 아름다운 푸른 초장으로 향하는 길로 이제 막 들어섰을 뿐이었다. 앞으로 우리 앞에 무엇이 기다리고 있는지 아무것도 모르는 채, 우리는 새해를 맞이하고 있었다. 내가 폐결핵에서 극적으로 회복된 지 2년만인 1979년 1월의 일이었다.

서울 국제가요제

🎼 불과 3년 사이에 우리에게는 너무 많은 일이 일어났다. 나는 방탕한 생활 끝에 폐결핵으로 죽다가 살아났고, 복희는 생각지도 못한 고통을 겪어야 했다. 하지만 그 가운데에서 우리 남매는 예수 그리스도라는 빛을 만났다. 주님이 없었다면, 우리는 이미 이 세상 사람이 아닐지도 모른다. 사생활이 낱낱이 드러나 세상 사람들의 입에 오르내리고, 그것으로 인해 과거의 상처가 다시 들추어지고, 그럼에도 불구하고 다시 사람들 앞에 서서 노래하며 쇼를 한다는 것은 보통 용기를 갖고는 할 수 없는 일이었다.

하지만 하나님은 이미 복희가 어려움을 딛고 다시 세상으로 나올 수 있도록 새로운 일을 준비하고 계셨다. 복희와 나에게 그해 6월에 있을 '서울 국제가요제'에 참가할 기회가 온 것이다. 그 대회는 우리나라에서 처음 열리는 국제가요제로서 주목을 받고 있었고, 참가자들도 대단했다. 우리 남매가 초청을 받은 것 자체가 놀라운 일이었다.

"참가곡은 이전에 발표한 적이 없는 창작곡이어야 합니다."

우리는 서슴지 않고 〈여러분〉을 택했다. 아직 폐가 온전치 못한 나는 지휘를 맡고, 복희가 노래를 하기로 했다. 결과는 중요하지 않았다. 우리는 하나님께 기도하며 만든 〈여러분〉으로 고통 가운데 있는 사람들이 위로받기를 원했고, 대중가요를 빌려 복음의 능력과 무엇보다도 하나님이 우리 남매에게 하신 놀라운 일을 만인에게 전하고 싶었다.

가요제에는 세계 12개국에서 쟁쟁한 가수들과 작곡가들이 참가했다. 복희와 나는 순백의 무대의상을 입고 기다렸다. 예전의 나는 시커멓게 죽어가는 영혼과 육체를 감추기 위해 흰색 무대의상을 입었다. 그때의 흰 의상이 주님이 위선자들을 빗대어 말씀하신 회칠한 무덤 같은 것이었다면, 이번에는 새로운 삶을 살겠다는 각오로 흰옷을 입었다. 오래 전, 처음으로 무대에 섰던 그날처럼 떨리고 긴장이 되었다. 우리 순서가 거의 다 되었을 무렵, 복희는 나의 손을 꼭 잡고 간절히 기도하였다.

"하나님 아버지, 여기까지 이끌어주신 은혜를 감사드립니다. 오빠를 통하여 저에게 위로를 주셨듯이 이 곡이 많은 사람들에게 위로가 되게 하옵소서. 그리고 이 가요제에서 하나님의 영광을 드러내게 하옵소서."

이름이 불리고 드디어 무대에 섰다. 내 지휘에 맞추어 복희가 노래를 시작했다. 흉금을 울리는 복희의 소리는 인생의 밑바닥을 지나온 사람만이 낼 수 있는 깊은 울림이었지만, 거기에는 고통의 흉터 대신 말할 수 없는 열정이 녹아 있었다. 그것은 단순한 노래가 아니었다. 그것은 절망의 골짜기에서 하나님을 붙잡고 일어난 복희의 간증이었고 나의 간증이기도 했다.

지휘를 하는 몇 분 동안, 나는 보았다. 나와 복희가 외로울 때, 고통스러울 때, 무서울 때, 그리고 죽고 싶었을 때, 하나님이 언제나 우리와 함께 계셨다는 것을. 아무도 곁에 없었다고 생각했는데, 혼자서 용케 살아남았다고 생각했는데, 사실은 그분이 함께해 주셨기 때문에 살 수 있었던 것이다.

"언제 어느 곳에 있든지, 나는 너와 함께하겠다. 네가 어떤 모습이라도 나는 너와 함께하겠다."

〈여러분〉은 바로 그 하나님의 사랑의 약속이었다. 지휘를 하는 내내, 내 안에 하나님의 사랑이 밀려왔다. 그 사랑은 노래를 듣는 이들의 가슴으로 밀물처럼 몰려가고 있었다. 나는 지휘를 하는 내내 사랑의 파도가 그들을 삼키는 것을 느낄 수 있었다. 복희의 노래가 끝나고 내가 지휘봉을 내려놓자, 객석에서는 우레 같은 박수 소리가 터져 나왔다. 우리는 몇 번이고 인사를 하고서야 겨우 들어갈 수 있었다.

그날, 우리 남매는 하나님으로부터 예기치 않은 선물을 받았다. 하나님이 주신 그 노래, 〈여러분〉으로 '서울 국제가요제'에서 대상을 받은 것이다. 기라성 같은 대스타들을 제치고 대상 수상자로 호명되었을 때, 나도 모르게 벌떡 일어나며 두 팔을 하늘로 치켜들었다. 그리고 정신없이 울고 있는 복희를 끌어안고 함께 감격의 눈물을 흘렸다. 순간 아무것도 보이지 않았다. 하나님의 약속을 담은 노래가 사람들의 영혼까지 울린 것이다. 상을 탄 것보다 우리 남매에게 보여주신 하나님의 메시지에 더 감격했다. 사회자가 수상 소감을 물었을 때, 나와 복희는 망설이지 않고 대답했다.

"모든 영광을 하나님께 돌립니다."

이 한마디는 엄청난 파장을 불러일으켰다. 당시 그 프로그램의 시청률은 민영방송 사상 최고였다. 게다가 그 시절은 하나님께 영광을 돌린다는 수상 소감 같은 것은 생각도 못할 때였다. 아

대상을 수상한 후

마 시상대에서 하나님을 증거한 것은 우리 남매가 처음이었을 것이다. 우리 남매는 전국의 시청자들이 보는 앞에서 하나님의 은혜가 얼마나 놀라운 것인지 고백했다. 질그릇처럼 깨어진 우리의 삶이 그대로 버려지지 않고 하나님 안에서 이전보다 더욱 찬란하고 아름다운 것이 되었다.

그로부터 20년도 넘는 세월이 흘렀다. 하지만 지금도 나는 〈여러분〉을 부를 때마다 새로운 감동을 느낀다. 열 번을 부르면 열 번 모두 느낌이 다르고, 부르면 부를수록 은혜가 넘치는 곡이 바로 〈여러분〉이다. 살아가면서 〈여러분〉만큼 내게 힘이 되고 용기를 주는 노래는 없었다.

세월은 흘러 복희와 나는 환갑을 넘겼다. 얼굴에는 주름이 늘고, 몸은 늙었지만, 우리가 불렀던 〈여러분〉은 오늘도 날마다 새로워져서 사람들에게 희망과 위로를 전한다. 언젠가 우리도 이 세상을 떠나 하늘로 돌아갈 것이다. 그러나 우리가 부른 이 노래, 하나님의 메시지인 〈여러분〉은 영원히 남을 것이다. 부족한 종을 통해 이 노래를 세상에 전하게 하신 하나님께 영광과 감사를 드린다.

두 주인을 섬기지 말라

🎼 우리 남매는 '서울 국제가요제' 대상 수상을 계기로 화려하게 재기했다. 기념 음반이 몇 개나 나오고 우리를 찾는 사람들이 줄을 이었다. 가요제 대상과 복희의 일을 통해 그렇게 확실하게 하나님을 체험했음에도 불구하고 나는 여전히 아버지의 진심을 모르는 둘째 아들, 탕자였다. 눈물, 콧물 다 쏟고 하나님께 모든 영광을 돌린다고 선포까지 했으면서도 그 순간이 지나가자 다시 예전의 내 모습으로 돌아가고 있었다. 여전히 예수님보다 세상과 더 친숙했고, 돈과 명예가 중요했다. 결국 나는 가요제 수상을 계기로 전국 순회공연을 해서 목돈을 잡아볼 생각을 하게 되었다.

"복희야, 우리 이 여세를 몰아서 전국 공연을 한번 해보자. 대성공을 할 수 있을 것 같아. 어떠냐?"

하지만 당연히 좋아하리라 생각했던 복희는 나와는 전혀 생각이 달랐다.

"오빠! 우리가 대상 탄 것을 갖고 돈벌이하는 데 이용하는 것을 하나님이 좋아하실까요? 우리가 상을 받은 것은 주님의 일을 하게 하시려는 뜻일 텐데……저는 아무래도 아닌 것 같아요."

하지만 나는 포기하지 않았다. 돈을 벌어서 하나님 일을 더 많이 하면 되지 않느냐고 주억거리며 빚까지 얻어 무리한 계획을 강행했다. '하나님 일' 운운하며 변명했지만, 사실은 눈앞에 보이는 성공에 정신이 팔려 있었다. 나는 다시 세상으로 떠날 채비를 하고 있는 배은망덕한 둘째 아들이었다. 그러나 하나님은 한번 돌아온 아들을 다시 떠나보내지 않으셨다. 전국 공연은 가는 데마다 악천후와 맞물려 대실패를 하고 말았다. 흥행은 참패로 끝났고, 몇 달간 얼마나 고생을 했는지 모른다. 살던 집을 팔아 전셋집으로 옮겼고, 공공요금을 내지 못해 전기와 수도가 끊기기까지 했다. 그 모든 것은 돌아온 탕자를 둘째 아들로 회복시켜 주기 위한 하나님의 계획이었다. 그 과정을 통해 나는 더욱 하나님께 매달리게 되었고, 더디지만 복희의 말처럼 '하나님의 뜻'에 대해 생각하게 되었다. 더 이상 내가 좋아하는 것이 전부인 것처럼 굴지 않게 되었다.

"하나님, 제가 잘못했습니다. 제가 잘못 생각했습니다. 이제 제 뜻대로 살지 않겠습니다."

힘들지만 내 고집을 내려놓으니 하나님이 보이기 시작했다. 그 하나님은 끊임없이 나를 바로 세워주고 기다리시는 분이셨다. 〈여러분〉을 공연할 때 보았던 것처럼 세상의 모진 풍파 속에서도, 심지어 내가 죄 중에 있을 때도, 나를 혼자 내버려두지 않는 나의 아버지셨다. 그것을 깨달으면서 나 역시 더 이상 언제 길 떠날지 모르는 둘째 아들처럼 불안해하지 않게 되었다.

부끄러운 고백이지만, 예전에 복희가 하나님이 원하시는 것이 아니라는 이유로 더 이상 밤무대에 서지 않겠다고 선언했을 때, 나는 복희가 미쳤다고 했다. 그뿐 아니라 기자들한테 복희가 교회를 다니더니 정신이 이상해졌다고 악평 기사를 써달라는 부탁을 하기까지 했다.

그런데 신앙을 갖게 되면서 나도 복희처럼 변했다. 내 집 드나들듯 다니던 유흥업소가 딱 싫어졌고 밤무대에 서는 것이 끔찍해졌다. 가족의 생계를 위해서 어쩔 수 없었지만, 정말 그만두고 싶었다. 고민하다가 이것저것 사업에 손을 대었는데, 신기할 정도로 계속 망하기만 했다. 틀림없이 될 일인데 잘 되지 않았다. 아무리 기도를 열심히 해도 마찬가지였다. 결국 난 두 손 두 발 다 들고 말았다. 사업이라는 것은 내가 할 일이 못 된다는 생각이 들었다.

나는 다시 작곡에 매진하기 시작했다. 이전에 곡을 쓸 때는 이루어질 수 없는 사랑의 상처나 외로움을 노래한 어두운 곡이 대부분이었는데, 이번 곡들은 분위기부터 완전히 달랐다. 예수님을 알기 전에 만들었던 곡들은 우울한 감상을 주로 하는 데 비해, 새로 만든 곡들은 밝고 경쾌했다. 가장 대표적인 것이 〈나는 행복합니다〉이다. 예전에는 오만상 찡그리고 〈나는 어떡하라고〉만 부르던 사람이 어느 날부터 갑자기 싱글벙글 웃으면서 〈나는 행복합니다〉라고 불러댔으니 얼마나 어색했을까. 하지만 이 곡은 사람들에게 엄청난 사랑을 받았다. 어디를 가나 라디오와 전축이 있는 곳에서는 〈나는 행복합니다〉가 흘러나왔다.

마침 그때, 또 국제 행사 초청이 들어왔다. 이번에는 '하와이 세계음악제'였다. '서울 국제가요제' 때는 그래도 우리나라에서 주최한 것이라 덜 긴장했었는데, '하와이 세계음악제'는 외국에서 열리는 행사여서 훨씬 부담스러웠다. 하지만 우리 남매는 그저 노래만 부를 수 있다면 좋다는 생각에 참가했다. 이번에도 내가 지휘를 하고 복희가 노래를 했다. 그 대회에서 부른 노래는 22년

만에 처음으로 어머니 산소를 찾은 뒤에 그 감상을 곡으로 만든 〈나는 당신을〉이었다.

> 세상 모든 이, 나를 외면하여도
> 나는 당신을 사랑하리
> 고난과 시련이 나와 함께하여도
> 나는 당신을 따르리라……

노래가 끝나고 차례차례 수상팀들의 이름이 불리기 시작했다. 나와 복희는 어차피 수상 가능성이 없다는 것을 알고 있었기 때문에 편안한 마음으로 박수를 치며 앉아 있었다. 3등, 2등, 마침내 대상 하나만 남겨놓은 순간이었다. 갑자기 사람들의 시선이 우리에게로 집중되더니 아나운서의 음성이 높아졌다. 설마, 하는 순간, 우리 이름이 사방에 울렸다.

"코리아! 노래 윤복희! 작사 작곡 윤항기!"

믿을 수 없는 일이었다. 처음부터 참가하는 것으로 충분했던 대회였다. 더 이상의 기대는 나가는 우리도, 보내는 관계자들에게도 없었다. 그런데 그랑프리라니! 입이 떡 벌어져서 멍한 나를 복희가 무대로 이끌었다. 그리고 우리 남매는 다시 한 번 빛나는 무대 위에서 환호와 박수를 받으며 앙코르 곡을 불렀다.

그날 나는 인정하지 않을 수 없었다. 이 모든 것은 하나님이 하셨다. 국제행사에서 두 차례나, 그것도 연거푸 1등을 하다니, 있을 수 없는 일이다. 게다가 이렇게 쟁쟁한 팀들 가운데서 아무것도 내놓을 것이 없는 우리 남매가 1등을 하다니.

국제가요제에서 두 차례나 내가 작곡한 곡으로 대상을 수상하고 나니, 더 이상 가수로서 여한이 없었다. 이젠 아쉬울 것도 없었고, 욕심낼 것도 없었다. 예전에는 그렇게 버둥거려도 정상은 오르지 못할 곳으로 여겨졌는데, 욕망을 내려놓고 보니 내가 밟은 그곳이 정상이었다. 이제는 어느 곳에 있어도 상관없었다. 하나님과 함께라면.

그렇게 인도하심을 받으면서 점차 내 인생길은 한 지점을 향해 모아지고 있었다. 예전에는 무엇이든 다 할 수 있었고, 해도 되었지만 이제는 상황이 달라졌다. 내 앞에는 오직 한 길만이 남아 있었다. 그것이 무엇인지는 알 수 없었지만, 어느새 나는 그것을 기다리면서 주님의 날개 그늘 아래에서, 아버지의 집에서 평안히 쉬고 있었다. 무엇인가 손에 잡힐 듯이 다가오는 것, 그것이 무엇인지 깨닫는 데는 그리 오랜 시간이 걸리지 않았다.

교회음악 공부를 시작하다

🎵 '하와이 국제가요제'에서 그랑프리를 차지한 뒤 나는 신앙에 대해 더 진지하게 생각하게 되었고, 한 걸음 더 나아가 교회음악에 대해서도 관심이 생기기 시작했다. 연예인교회에서 함께 신앙생활을 하던 친구가 목회자가 되어 교회를 개척하면서 내게 성가대 지휘를 부탁했기 때문이었다. 내 주제에 무슨 성가대 지휘냐 싶었지만, 사람들이 격려해 준 덕분에 겨우 용기를 낼 수 있었다. 또한 가요제 때 찬양받으시기를 원하시는 하나님의 마음을 알게 된 것과 몇 년 전의 어떤 사건도 감히 그 일을 자원하게끔 했다.

1978년 복희와 나는 충남 논산에 내려간 일이 있었다. 그곳에서 목회를 하고 계신 이복형님의 교회에서 아버지의 20주기 추도예배를 드리기 위해서였다. 형님만 아니라 누님도 전도사로 사역을 하고 계셔서 참으로 오랜만에 온 가족이 다 모였다. 도착해 보니 아담한 교회 앞에 큰 현수막이 붙어 있었다.

〈고故 윤부길 선생님 추도예배〉

돌아가신 후, 기일 한 번 제대로 챙기지 못한 탓에 나도 몰래 콧날이 시큰해졌다. 형님은 우리 손을 잡고 잘 왔다고 감격해 하셨다. 오랜 세월 끝에 상처는 어디론가 사라지고 피를 나눈 혈육을 만난 기쁨과 감회가 새로웠다.

"항기야, 복희야. 정말 잘 왔다. 잘 왔다."

"형님……형님!"

교회에 들어서는데 예전 안골 그 작은 예배당에서 보냈던 추억들이 물밀듯이 밀려와 잠시 걸음을 멈추고 숨을 가다듬었다. 교회 안에는 사람들로 가득 차 있었고, 예배당 밖까지 사람들이 빽빽하게 모여 있었다. 복희와 내가 사람들 사이로 들어가려 하자 모두들 우리 남매를 쳐다보며 이야기했다.

"윤항기하고 윤복희야."

작은 시골 마을에 당대 최고의 스타가 왔으니 얼마나 화제가 되었겠는가. 추도예배는 뒷전이고 다들 우리 남매를 구경하느라 여념이 없었다. 그분들의 기대에 못 이겨 형님은 우리에게 특송을 부탁하셨다.

"아버지 뒤를 이어 가수가 된 너희들이 추도예배에서 노래를 부르면 돌아가신 아버님도 얼마나 좋아하시겠니? 여기 모인 분들도 저렇게 성화시고, 찬송가가 아니어도 괜찮으니 너희들이 부를 수 있는 곡 중에서 괜찮은 것 하나 불러다오."

어떤 곡을 할 것인지 열심히 생각하다가 마침 떠오르는 찬송이 있어서 동생에게 동의를 구했다.

"복희야. 〈내 주를 가까이〉 알지? 우리 그걸 부르자."

예전 안골 교회에서 예배를 드릴 때, 새벽마다 얼음장 같은 마룻바닥에 할머니 몇 분이 무릎 꿇고 앉아서 그 노래를 부르곤 하셨다. 음정, 박자 모두 엉망이었지만, 그분들의 질박한 삶과 간절한 소망이 담겨져 있었다. 그 찬양을 듣고 있으면 어린 나에게도 어렴풋하게나마 평안함이 깃들곤 했다. 이윽고 우리 순서가 되었다. 복희와 나는 강단 앞으로 걸어 나가 찬송을 불렀다.

내 주를 가까이 하게 함은
십자가 짐 같은 고생이나
내 일생 소원은 늘 찬송하면서
주께 더 나가기 원합니다.

웬일인지 1절이 끝나기도 전에 우리 눈에서 눈물이 흐르기 시작했다. 큰 은혜를 받은 것도 아니었고 돌아가신 아버님이 보고 싶은 것도 아니었는데, 복희와 나는 서로 손을 붙들고 우느라 찬송을 제대로 부르지 못했다.

내 고생 하는 것 옛 야곱이
돌베개 베고 잠 같습니다.
꿈에도 소원이 늘 찬송하면서
주께 더 나가기 원합니다.

이 모습을 지켜보던 성도와 구경 온 사람들도 함께 눈물을 흘렸다. 우리가 찬양을 할수록 성도들의 마음에는 감동의 물결이 넘쳐났고, 덕분에 그날의 추도예배는 은혜 가운데 잘 마무리되었다. 그 일에 큰 의미를 두지는 않았음에도 불구하고, 이상하게 교회에 갈 때마다 그날의 기억이 새롭게 떠올라 가슴이 두근거리곤 했다. 그리고 결국 그 설렘이 나로 하여금 성가대 지휘봉을 잡게 만들었다.

작은 개척교회의 성가대라 대여섯 명이 고작이었지만, 오케스

트라 지휘를 할 때보다 더 떨렸다. 하지만 의욕적으로 시작했던 것과 달리 얼마 지나지 않아 성가대 지휘는 한계에 부딪히고 말았다. 교회음악은 여태 내가 해온 세상 음악과는 달라도 너무 달랐다. 그 엄청난 차이를 실감한 나는 새삼 '이 일이 보통 일이 아니구나!' 하고 놀랐다.

이상한 것은 내 마음이었다. 어렵고 귀찮고 돈 되는 일도 아닌데 포기하기는커녕 오히려 정말 잘 하고 싶다는 마음이 샘솟았기 때문이다. 그 마음은 점점 커져서 교회음악을 제대로 공부하고 싶다는 생각에 이르렀다. 복희와 아내, 그리고 주변 동료들은 말리기는커녕 오히려 격려해 주었다. 결국 내 나이 40에 공부를 다시 시작하게 되었다. 돌이켜보면 이 모든 것은 아주 오래 전부터 예비된 하나님의 계획이셨다. 그때는 몰랐지만 나는 어느새 하나님의 부르심에 자연스럽게 이끌려가고 있었던 것이다.

chapter 10

새로운 길

무엇을 먹을까, 무엇을 입을까
찬양사역자로 거듭나다
당신을 용서합니다
목사 윤항기
아내만 살려주신다면
나는 행복합니다.

나는 행복합니다

기다리던 오늘 그날이 왔어요
즐거운 날이에요
움츠렸던 어깨 답답한 가슴을
활짝 펴봐요

가벼운 옷차림 다정한 벗들과
즐거운 마음으로
들과 산을 뛰며 노래를 불러요
우리 모두 다 함께

나는 행복합니다
나는 행복합니다
나는 행복합니다
정말정말 행복합니다

무엇을 먹을까, 무엇을 입을까

막상 공부를 시작하기로 했지만 곧 현실에 부딪혔다. 사실 나는 교회를 다니면서도 가수활동을 중단할 수가 없어서 여전히 밤무대에 나가고 있었다. 밤무대에 서서 술이 곤죽이 된 취객들을 상대로 농담을 하며 공연을 하는 것이 얼마나 견디기 힘들었는지 모른다. 그 일을 그만두어야 한다는 것은 알고 있지만 가족의 생계가 걸린 일이라 정리하기가 쉽지 않았다. 가끔 복희한테 그 이야기를 하면, 복희의 반응은 한결같았다.

"오빠! 아직도 하나님의 능력을 믿지 못하세요? 오빠가 하나님을 위해서 결단하면 하나님께서 오빠를 도와 주실 거예요!"

나도 복희의 말에 전적으로 동감했다. 무엇보다도 내 마음이 편치 않아서 더 이상 밤무대에 설 수가 없었다. 예전처럼 신도 나지 않았고, 온전치 못한 폐로 담배 연기 자욱한 곳에서 몇 시간씩 노래를 하는 것도 불안했다. 결국 나는 밤무대 일을 차례대로 정리해 나가기로 결심했다. 계약 기간이 끝나는 업소마다 재계약을 하지 않고, 하나씩 정리해 가는 동안 앞으로 먹고 살 일이 걱정은 되었지만, 예전처럼 불안하지는 않았다.

마침 그때 아는 후배가 자신이 짓고 있는 건물에 매우 좋은 조건으로 레스토랑 자리를 내 주었다. 그것은 하나님이 나를 위해 안성맞춤으로 준비해 주신 것처럼 내게 꼭 필요한 일이었다. 매우 좋은 조건이었기에 나는 하나님께 물어보지도 않은 상태에서 덥석 그 제안을 받아들였다. 계약을 하고 건물이 완공되는 대로 인테리어를 할 계획으로 한창 준비를 하고 있을 때였다. 갑자기 생각지도 못했던 문제가 생기고 말았다. 레스토랑에서 술을 팔아야 한다는 당연한 사실을 까맣게 잊고 있었던 것이다. 뒤이어 내가 기독교인인데 술을 팔 수는 없다는 생각이 들었다. 그러자 금방 머릿속이 복잡해졌다.

돈을 벌자니 술을 팔아야 하고, 술을 팔자니 신앙인으로서 양심이 걸렸다. 그것은 나에게 일종의 시험이었다. 혼자 끙끙대고 고민하다가 결국 전도사님께 말씀을 드렸더니 전도사님은 잠시 생각하다가 조용히 대답했다.

"기도원에 가서 3일 정도 작정기도를 해보십시오."

나는 난생 처음으로 기도원이라는 곳을 찾았다. 그리고 3일간 그 문제를 가지고 기도하기 시작했다.

"주님, 부족하고 미련한 것이 하나님의 은혜를 늦게야 깨닫고 신앙생활을 하려는데 고민이 많습니다. 밤무대를 그만두려니 걱정이 앞섭니다. 생계가 막막합니다. 또 레스토랑을 하려니 술을 파는 문제 때문에 갈등이 심합니다. 어떻게 해야 합니까?"

3일간 기도를 드렸지만 시원스런 결론을 얻지는 못했다. 아니, 엄밀히 이야기하면 결론은 일찌감치 나 있었지만, 내가 받아들이지 못하고 있을 뿐이었다. 솔직히 나는 그 결론으로부터 도망칠 어떤 핑계를 원하고 있었던 것이다. 그러나 하나님은 핑계 대신 당신의 말씀을 주셨다. 기도하는 가운데 떠오른 성경 말씀 한 구절이 계속 내 마음에서 떠나지 않았다.

"너희는 먼저 그의 나라와 그의 의를 구하라."

처음에는 못 들은 척 무시도 하고 다른 생각도 했지만, 점점 그 말씀이 내 가슴에 가득 차 왔다. 벽을 봐도, 하늘을 봐도, 땅을 봐도, 심지어 설교 시간에도 그 말씀만 들렸다. 결국 나는 두 손을 들고 말았다.

나는 기도원에서 내려오자마자 말씀에 순종하여 레스토랑을 정리했다. 정말 사방을 둘러봐도 아무 대책이 없었지만 그저 모든 것을 하나님께 맡기기로 했다. 야간업소 출연도 완전히 그만두고 그동안 모아두었던 돈으로 생활을 했다. 수입이 없이 쓰기만 하니 금세 바닥이 났다. 걱정하는 아내에게 내색은 하지 않았지만, 하루에도 열두 번씩 내가 잘못된 선택을 한 것은 아닌지 걱정이 되어 한숨만 나왔다.

그런데 하나님의 섭리와 계획은 놀라웠다. 가진 돈이 거의 바닥날 무렵, 뜻밖의 수입이 다달이 내 통장으로 들어오기 시작했다. 바로 저작권 사용료였다. 그 무렵 저작권이라는 것이 도입되어 한국음악저작권협회에서 저작권 사용료를 지급하기 시작한 것이다. 때맞추어 노래방이라는 것이 생기더니 전국에 무수히 늘어갔다. 노래방에서 〈나는 어떡하라고〉, 〈장미빛 스카프〉, 〈친구야 친구〉, 〈나는 행복합니다〉, 〈다 그런 거지 뭐〉, 〈별이 빛나는 밤에〉, 그리고 김수희가 부른 〈너무합니다〉 등, 내 노래가 불릴 때마다 일정액의 저작권 사용료가 지불되었다. 결과적으로 상당한 금액이 나에게 들어오기 시작했다. 과거에 불신자일 때 불러서 히트시켰던 곡들이지만 공부하면서 생활하기에는 충분한 수입이었다.

일이 이쯤 되자 나는 모든 것을 예비해 주신 하나님의 은혜에 놀라고 감사하는 수준을 넘어 하나님의 존재에 완전히 압도당하게 되었다. 나는 하나님의 나라를 먼저 구한 대가로 얻은 안정 속에서 교회음악 공부를 정식으로 할 수 있는 방안을 찾기로 했다.

"여보, 아무래도 하나님은 나를 음악선교사로 쓰시려는 것 같아. 역시 내가 받은 달란트는 음악밖에 없어. 우리, 걱정하지 말고 모든 것을 하나님께 맡깁시다."

그동안 나 때문에 무던히도 마음고생을 한 아내는 이제 내가 제대로 된 신앙인의 길을 가게 되었다고 얼마나 좋아했는지 모른다. 국내와 해외에서 내가 공부하기에 적당한 학교를 알아보았지만 서울찬양신학교만한 곳이 없었다. 그곳에 들어가 늦깎이 학생으로 공부를 시작했다. 자식뻘 되는 아이들과 함께 공부를 하는 것이 쑥스러웠지만, 하고 싶은 공부를 할 수 있어서 얼마나 즐겁고 감사했는지 모른다. 학생으로 들어갔는데 학교에서 강의를 맡기는 바람에 나는 졸지에 강사학생이 되었다.

서울찬양신학교에서 나는 훌륭한 스승들을 많이 만났다. 그분들은 아직 믿음의 연조도 짧고 분별도 못하는 나를 사랑으로 이끌어 주시며 찬양사역자로 세워주고자 있는 힘을 다하셨다. 특별히 〈어머니의 넓은 사랑〉과 〈사철에 봄바람 불어 잇고〉를 작곡하신 구두회 박사님이 큰 힘이 되어 주셨다. 인생의 스승을 가져본 적이 없는 내게, 제대로 배울 기회가 없었던 것이 한이었던 내게, 그분들은 하나님의 놀라운 선물이었다.

불혹의 나이가 되어서야 나는 비로소 하나님 안에서 내가 지어진 까닭과, 이제껏 내 삶의 과정들을 긍정하게 되었다. 하나님은 나를 당신의 아들로 부르셨다. 그것도 당신의 귀한 영광을 함께 나눌 찬양의 아들로! 찬양사역자로 들어선 그 길은 나의 의지와 상관없이 어느새 음악목사의 길로 접어들고 있었다. 그것은 이제까지의 나의 삶과는 완전히 다른 길이었지만, 내가 가야할 길이었다.

찬양사역자로 거듭나다

🎼 나이가 많든 적든, 여자든 남자든, 부자이든 가난한 사람이든, 우리 인생은 모두 저마다의 사연이 있고 할 말이 있다. 각자 어려운 고비가 있고 의외의 반전을 겪으며 살아간다. 그 반전의 의미를 그때는 다 알 수 없다. 그래서 우리는 반전 앞에 미칠 듯이 긴장하고 초조하며 불안해하며, 의심하다가, 자신의 인생에서 반드시 넘어야만 하는 고비를 넘지 못하고 번번이 좌절하곤 한다. 돌이켜보면 20여 년 전, 그때의 나도 꼭 그랬다.

'서울찬양신학교'에서 공부하는 동안, 나는 찬양사역자로서의 삶을 그려갔다. 나는 '한국 교회음악'에 대해 좀 다른 시각을 갖고 있었다. 정통적인 교회음악을 가볍게 여기는 것은 결코 아니지만, 그것만으로 부족하다는 생각이 들었다. 세상 사람들이나 대중문화에 친숙한 젊은이들도 쉽게 접근할 수 있고 재미있게 찬양할 수 있도록 교회음악도 좀 더 대중화될 필요가 있다고 보았다. 지금이야 CCM이나 복음성가가 보편화되어 있지만 그때만 해도 어림없는 일이었다. 심지어 나의 은사님들 중에서도 몇 분은 예배의 권위를 해칠 수 있는 위험한 생각이라고 비판하셨다.

그러나 내게는 자꾸 다른 길이 보였다. 하나님이 나 같은 사람에게 당신의 일을 할 기회를 열어주셨을 때는 분명 나만이 할 수 있는 무엇인가가 있을 것만 같았다. 오랫동안 세상에서 음악을 했던 사람으로서 나는 음악으로 세상과 소통하는 법을 알고 있었다. 그들이 들을 수 있는 방식으로 복음을 전하는 것이야말로 내게 주신 하나님의 뜻이라고 느꼈다. 결국 나는 신학공부를 제대로 하기로 결심했다. 한국에서는 마땅한 학교를 찾을 수 없어 미국에서 적당한 학교를 찾는 한편, 일단 통신과정의 음악대학교에 입학해 공부를 시작했다.

모자란 사람인 내가 미국에서 석사학위까지 받게 된 것은 전적으로 하나님의 은혜와 인도하심 때문이었다. 막상 공부를 해보니 만만치 않은 과정이었다. 과연 4년 동안 모든 공부를 마칠 수 있을지 장담할 수 없었다. 한편으로는 신학공부도 하나님과 상관없이 내 뜻대로 앞서가는 것은 아닌지 갈등도 했다. 하지만 공부하는 과정 속에서 하나님의 손길이 구체적으로 나타났고, 중요한 일이 있을 때마다 도우시는 하나님의 손길은 구체적이고 세밀했다. 1990년 2월, 나는 뒤늦게 부르심을 깨닫고 시작한 신학 공부를 무사히 마쳤다.

신학교를 졸업하고 나자 이제는 어떻게 음악선교를 시작할 것인가 생각해야 했다. 사실 공부를 마칠 때만 해도 목사가 될 생각이 없었다. 국내에는 음악목사 제도가 없었기 때문에 그저 음악선교만 생각하고 있었다. 그런데 난데없이 가까운 지인이 미국 침례교단에 음악목사 제도가 있다는 것을 알려주었다. 귀가 솔깃했지만 부담도 만만찮았다.

'음악목사? 나 같은 사람이 어떻게 목사가 돼? 나한테는 어울리지 않아.'

처음에는 이렇게 생각했지만 마음 한편에서는 다른 소리가 들려왔다.

'아냐. 기왕 음악선교에 본격적으로 나서려면 음악목사의 신분이 훨씬 나을지도 몰라. 하나님의 뜻이 있을 거야.'

생업을 접고 교회음악 공부를 시작했을 때부터 미국의 신학대학에서 공부하는 것까지 전폭적인 지지를 아끼지 않았던 아내 역시 이번에는 주저했다. 아내는 목사가 되면 전적으로 하나님께 헌신해야 한다는 것을 잘 알고 있었다. 아직 어린 다섯 아이를 두고 과연 그 큰일을 감당할 수 있을지 두려운 마음이 들었던 것이다. 그러나 아내가 그보다 더 걱정했던 것은 내가 말을 더듬는다는 사실이었다.

그랬다. 나는 심한 말더듬이였다. 많이 나아졌다고는 하지만 그래도 말을 더듬는 버릇은 여전해서 남들 세 마디 할 때 겨우 한 마디밖에 못했다. 이야기하다 말문이 막혔을 때 상대가 눈치 채고 내가 할 말을 대신 해주면 손뼉을 치면서 "맞아! 맞아!" 하며 좋아하곤 했다. 신기하게도 무대에서 노래나 쇼를 할 때는 괜찮았지만, 보통 때는 여전히 말을 더듬었다. 그런 내가 설교를 업으로 하는 목사가 되겠다고 했으니 아내의 걱정이 얼마나 컸겠는가. 하지만 아내는 기도하면서 분별하고 나를 격려해 주었다.

"여보. 하나님의 뜻이고 당신이 원한다면, 그렇게 하세요. 하나님이 인도해 주실 거예요. 집안일은 걱정하지 마세요."

아내의 배려 덕에 용기를 내어 주변의 여러분들께 조언을 구했지만, 솔직히 나도 자신은 없었다. 세상에 말을 더듬는 목사가 어디 있는가. 고민하며 지내던 어느 날, 출애굽기 4장 10절 이하의 말씀이 들어왔다.

"모세가 여호와께 아뢰되 오 주여 나는 본래 말을 잘하지 못하는 자니이다……나는 입이 뻣뻣하고 혀가 둔한 자니이다……누가 사람의 입을 지었느냐……이제 가라 내가 네 입과 함께 있어서 할 말을 가르치리라"

그것은 모세가 하나님께 애굽으로 돌아가 백성을 구원하라는 소명을 받고 자신이 말더듬이인 고로 갈 수 없다고 하는 장면이었다. 그 말씀을 보는 순간 눈이 번쩍 떠졌다. 그것은 모세에게 주신 말씀이 아니라 지금 이 자리에 무릎 꿇고 있는 윤항기, 나에게 주신 말씀이었다. 하나님이 바로 앞에 계신 것처럼 가슴은 두방망이질치고 손도 떨렸지만, 계속 말씀을 소리내어 더듬더듬 읽어나갔다. 놀랍게도 하나님은 계속 염려하는 모세를 위해 모세의 입을 대신할 이를 세워주시니, 그는 다름 아닌 모세의 형, 아론이었다. 아론이 모세의 입이 되어 모세의 말을 백성들에게 전해 준 것이다. 나는 곧 기도했다.

"하나님, 주님의 일을 하려면 제게도 아론이 필요합니다. 저의 아론은 누구입니까?"

한참을 기도하는데 나도 모르게 내 입에서 찬송가가 흘러나오고 있었다.

내 영혼의 그윽히 깊은 데서 맑은 가락이 울려나네
하늘 곡조가 언제나 흘러나와 내 영혼을 고이 싸네……

학위 수여식 후

    그 찬송을 부르면서 비로소 깨달았다. 주님은 이미 오래 전에 나의 아론을 보내주셨구나! 모세에게 아론이 있었다면, 내게는 노래가 있었구나. 나는 비록 말더듬이였지만, 내 노래는 나의 둔한 혀와 입을 대신하여 수많은 이들의 심금을 울려왔다. 내 재주라고 여겼던 그것은 사실 부족한 나를 지키고 돕고 하나님의 종으로 세우기 위해 하나님께서 보내신 가장 좋은 동역자였던 것이다.
    새삼 하나님의 은혜가 느껴져 나는 더욱 찬양을 소리 높여 불렀고, 모든 염려가 사라졌다.
    "주님, 알았습니다. 저의 노래를 아론으로 삼고 감히 모세처럼 가겠나이다. 무엇이 기다리고 있는지 알 수 없으나, 주님께서 주신 대로 기쁘게 순종하겠나이다."

그해 6월, 나는 '미국 남침례회' '소속 국제침례교회'에서 음악목사 안수를 받기 위해서 미국 세인트 루이스로 향했다. 내 나이 쉰을 바라보고 있었지만, 이제 막 인생이 시작된 듯한 기분이었다. 내가 목사가 되다니.

먼 옛날, 청계천 천막교회에서 눈물을 흘리며 우리 남매를 하나님께 맡기시던 어머니부터, 돌아가시는 순간까지 우리를 걱정하셨다는 아버지, 그리고 교회 다니라고 권면하던 군대동기, 월남에서 신부복을 입고 정글에서 탈출하던 일들이 차례로 떠올랐다.

기도하면서 바라보니 그 모든 과정들이 엉킨 실타래가 풀리듯 하나로 이어지면서 마침내 허리띠가 되어 나를 십자가에 메었다. 지금 내가 가는 이 길이 그토록 오랫동안 예비되었구나. 주님은 그렇게 오랫동안 이 죄인을 기다려 주시고 만들어 주셨구나! 감격의 눈물이 차올랐다.

놀라운 평안과 자유로움이 내 안에 가득했다. 나는 이것으로 더 이상 목사 안수를 받는 것을 두고 망설이지 않기로 했다. 그때는 내가 가장 중요한 것을 놓치고 있다는 사실을 까맣게 모르고 있었다. 그것은 내가 마지막으로 넘어야 할 고비 같은 것이었다.

아버지, 당신을 용서합니다

🎼 나는 잊어버리고 있었지만, 하나님은 절대 잊지 않으셨다. 그리고 끊임없이 내 마음을 두드리셨다. 목사가 된다는 기대감과 흥분 속에 미미하게 울리는 그 두드림은 묻혀 버릴 수도 있었다. 하지만 그 세미한 소리는 내 심장 바로 한가운데서 울리고 있었다. 마치 딱지가 떨어진 상처를 보이지 않는 무엇인가가 계속 긁어대고 있는 것 같았다. 끊임없이 나를 불편하게 만드는 그것이 무엇인지 나는 들춰보지 않을 수 없었다. 기도 가운데 그것과 고요히 마주한 순간, 내 입에선 짧은 신음이 흘러나왔다. 그것은 바로 '아버지'였다.

아버지는 아직도 내 가슴을 숨도 못 쉬게 꽉 잡아매고 있는 상처였고 가시였다. 나는 아직도 아버지를 용서하지 못하고 있었다. 아니, 여전히 내 안에서 뱀처럼 똬리를 틀고 있는 아버지에 대한 증오와 미움, 그리고 한은 나를 삼킬 듯이 노려보고 있었다.

하지만 목사가 되겠다는 사람이 다른 사람도 아니고 자기 아버지를 용서하지 못한다니. 이런 주제에 어떻게 주님의 사랑을 전하고 긍휼을 증거할 수 있단 말인가. 내 안의 상처들이 온통 들쑤셔진 듯 비명을 질러댔다. 가까스로 얻은 평화가 저 멀리 사라지고 다시 눈초리가 치켜 올라가면서 입이 앙다물어졌다. 도저히 할 수 없는 용서를 두고 얼마나 몸부림치며 기도했을까. 반쯤 정신을 잃고 사지를 죽 뻗은 채 바닥에 엎어져 있는데, 갑자기 예수님이 떠올랐다.

예수님은 어떻게 당신을 십자가에 못 박아 죽인 원수들을 용서하셨을까. 어떻게 그 엄청난 고통 속에 자신을 내버려 둔 하나님 아버지한테 끝까지 순종할 수 있었을까. 나는 이렇게 용서하려고 기를 써도 안 되는데, 도저히 못하겠는데, 주님은 어떻게 그렇게 하실 수 있었을까. 이런 내가 과연 주님을 따르는 제자가 될 수 있을까. 그때 갑자기 주님은 하나님 아버지를 온전히 믿었다는 사실이 떠올랐다. 그 모든 것은 예수님의 철저한 믿음이 있었기에 가능한 일이었다.

"그래. 내가 아버지를 용서할 수 없다면, 그 마음조차 주님께 올려 드리자. 내가 용서하려 할 것이 아니라 주님이 나로 하여금 용서할 수 있도록 해 주실 것을 믿자. 주님의 용서를 믿고, 나는 내게 주어진 소명을 다하자."

나는 곧 주님께 간절히 기도했다. 여전히 마음 밑바닥에 남아 있는 상처가 입을 벌리고 고함을 질렀지만 애써 그 소리를 무시했다. 그리고 오직 십자가의 주님만 생각하면서, 그리스도의 이름으로 아버지를 용서한다고 계속 선포했다. 그때마다 내 안에서 무엇인가가 비명을 질렀다. 그것은 오래 전 어머니의 무덤 앞에서 주먹을 꽉 쥐고 절대로 아버지를 용서하지 않겠다고 결심했던 시절부터 내 안에 쌓아올린 높고 견고한 벽과 그 속에 갇혀 있는 누군가가 울부짖는 소리였다. 무너질 것 같지 않은 차가운 얼음벽 속에 그때의 내가 갇혀 있었다. 어서 나오라고, 부르짖으며 벽을 두드렸지만 어린 나는 내 소리를 듣지 못했다. 어느새 그것이 나의 과거라는 것도 잊은 채, 나는 얼음 속에서 차갑게 얼어붙어

가는 어린아이를 보며 울고 있었다.

그런데 그 아이를 보며 울고 있는 것은 나만이 아니었다. 얼음벽 저편에 누군가 있었다. 그것은 놀랍게도 아버지였다. 얼음벽 위로 피난시절 안골에서 찬송을 부르던 아버지의 모습이 어리었다. 마지막으로 뵈었던 초라하고 병든 아버지의 슬픈 눈빛도 비쳤다. 아버지도 나처럼 그 어린아이를 보면서 울고 계셨다.

우리 부자는 차가운 얼음벽을 사이에 두고 서로를 향해 손을 내민 채, 눈물만 뚝뚝 흘리고 있었다. 더 이상 아버지와 나 사이에 얼음벽은 보이지 않았다. 대신 그곳엔 주님이 서 계셨다. 주님은 울고 있는 우리 두 사람의 손을 잡고 말씀하셨다.

"항기야. 이는 불쌍한 내 아들이다. 그리고……가엾은 네 아버지다."

두 볼 위로 뜨거운 눈물이 흐르고 있었다. 오랫동안 인정하고 싶지 않았지만, 그래서 더 미워하고 부정했지만, 아버지는 아버지고, 아들은 아들인 것이다. 아버지가 나한테 어떻게 했건, 아버지라는 이유 하나만으로 용서할 수밖에 없는 것이다. 하나님이 아버지라는 이유 하나 때문에 죄인인 우리를 죽기까지 사랑하셨던 것처럼 아버지이고 아들이기 때문에 사랑할 수밖에 없는 것이다. 아버지는 아버지 나름대로 나를 사랑하셨다. 비록 그것이 나를 죽도록 아프게 하고 상처밖에 남긴 것이 없을지라도.

아버지……아버지! 나는 오랫동안 차마 불러보지도 못했던 아버지를 목이 터져라 불렀다. 무엇인가가 가슴팍에서 툭, 하고 끊어지면서 와르르 쏟아지는 것 같았다. 어린 시절부터 차곡차곡

쌓아왔던 벽이 무너지면서 눈물로 녹아내리고 있었다. 어느새 나는 가슴을 다 들어내듯이 통곡을 하고 있었다. 얼마나 그렇게 울었을까. 누군가 들썩이는 내 등을 천천히 따뜻하게 다독거려 주는 것을 느끼면서 정신을 차렸지만, 마치 오랜 잠에서 깨어난 사람처럼 몽롱했다. 그 손길이 누구의 것이었는지는 알 수 없으나, 그 느낌은 지금까지도 내 심장에 또렷하게 남아있다.

나는 살아 있는 동안 절대로 아버지를 용서할 수 없을 것이라고 생각했다. 주님은 그것마저도 할 수 있게 해주셨다. 그것은 내가 목사가 되면서 받은 은혜 중의 은혜였다. 그동안 내가 아버지를 미워하면서 괴롭혔던 것은 그 누구도 아닌 바로 나 자신이었기 때문이다. 그날 나는 아버지를 용서했다. 그리고 나 자신에게도 용서를 구했다.

그 후로 나는 아버지에 대한 상처에서 온전히 놓여났고, 이제는 아버지가 내게 준 아픔들에 대해 기억하지 않는다. 놀랍게도 그날 이후로 나는 더 이상 말을 더듬지 않게 되었다. 오랫동안 상처와 열등감 때문에 억눌려 있었던 내 자아가 아버지를 용서함으로써 비로소 자유를 찾은 것만 같았다. 내 영혼의 상처에는 이제 새살이 돋아나고 있었다. 나는 새싹을 품듯 그것을 감싸들고 주님의 전에 올려 드렸다. 그것이 나의 첫 열매였다.

목사 윤항기

 1992년 6월, 드디어 나는 목사가 되었다. 나 같은 죄인이 주님을 만나 구원을 얻고, 복음을 전하는 목사가 되었다는 사실에 얼마나 기쁘고 감사했는지 모른다. 더욱 감사한 것은 주님의 은혜로 교회음악 박사과정까지 무사히 마치게 되었다는 사실이다. 특별히 제임스 송 이사장님과 정학봉 교수님, 두 분은 내가 교단 신학교에서 공부할 수 있도록 사랑으로 힘써 주셨다.

나의 원래 계획은 목사 안수를 받은 후 미국 교회에서 일하는 것이었다. 한국에 돌아가 갑자기 내가 목사가 되었습니다, 하면 얼마나 요란들을 떨어댈지 눈에 보이듯 선했기 때문이었다. 나를 잘 모르는 미국에서 목회 훈련도 받고 차분하게 찬양사역을 하고 싶었다. 그러나 하나님의 뜻은 나의 뜻과 달랐다. 앞으로의 진로를 두고 기대에 부풀어 있던 어느 날 서울에서 전화가 왔다. 전화를 하신 선배님은 작은 규모지만 알차게 신학교 사역을 하고 있는 중이었다. 그분은 내게 신학교를 통해 후배들을 세워 나갈 비전이 없냐고 물었다. 순간 속으로 이렇게 생각했다.

'신학교? 내가 무슨 신학교를 해?'

하지만 선배님께는 확답을 하지 않고 기도해 보겠다고만 말했다. 이제 막 목사가 된 내가 신학교 사역을 감당할 수 있을지 엄두도 나지 않았고, 미국에서도 할 일이 많았기 때문이다. 아무리 기도해도 시원하지가 않았다. 결국 말씀을 읽기 시작했는데 그날의 본문은 '이사야'였다. 성경을 읽다가 갑자기 한 구절이 내 가슴을 강하게 두드렸다. 이사야 43장 21절이었다.

"이 백성은 내가 나를 위하여 지었나니 나의 찬송을 부르게 하려 함이니라."

나는 무릎을 탁 쳤다.
"이것이구나! 바로 이것을 위하여 하나님께서 여기까지 그렇게 세밀하게 나를 간섭하시고 도와주셨구나!"
하나님은 하나님을 찬송케 하기 위하여 나를 지으신 것이었다. 순간 모든 염려는 사라지고 나의 두 눈에서 주체할 수 없는 눈물이 왈칵 쏟아졌다.
"하나님! 감사합니다. 성령을 부어주시고 깨닫게 하시니 감사합니다. 주님께 진정 감사와 찬송을 돌립니다! 주님만 찬송하며 살겠습니다."
넘치는 기쁨이 밀려왔다. 기도를 하면서 파도가 밀려오듯 내 마음에 기쁨이 가득 차오르는 감격을 맛볼 수 있었다.
"도대체 어떻게 이럴 수 있을까? 어떻게 이런 기쁨이 내 속에 있었단 말인가! 아, 바로 이것이 하나님이 주시는 기쁨이구나!"
나를 향하신 하나님 사랑에 사로잡혀 그 말씀을 다시 읽었다.

"이 백성은 내가 나를 위하여 지었나니 나의 찬송을 부르게 하려 함이니라."

목사안수식 후

　오래 전 서울찬양신학교를 다닐 때가 생각났다. 그 시절, 나 역시 세상과 소통하는 교회음악을 생각하지 않았던가! 따지고 보면 그 공부를 하고 싶어 유학을 온 것이나 마찬가지였다. 오랫동안 나조차도 잊고 있었던 나의 첫 마음을 하나님이 기억하시고 신학교 사역의 길을 열어주신 것에 감격했다. 감히 생각도 못했는데 하나님은 신학교를 통해 더 많은 이들과 뜻을 모으고 함께하기를 바라셨던 것이다. 지인들 역시 한국에도 음악목사를 전문적으로 양성하는 신학교가 필요하다며 나를 격려해 주었다. 마음이 결정되자 한 시라도 빨리 한국에 돌아가 찬양신학교 사역을 하고 싶었다. 결국 나는 미국 국제침례교회의 파송목사 자격으로 귀국했다.
　막상 한국으로 돌아오는 비행기를 타니 새삼 내가 목사가 되었다는 사실이 실감이 났다. 한편으로는 사람들이 가수 윤항기가 목사가 된 것을 어떻게 생각할까 걱정되기도 했다. 사람들의 머릿속에는 아직도 연예인으로 살았던 시절의 윤항기에 대한 이미지가 생생하게 살아 있을 것이 분명했다.

나는 더욱 행동거지를 조심하고 목사로서의 정체성을 매 순간마다 일깨우지 않으면 안 되었다. 안수를 받은 후 언어 습관, 태도, 행동, 모습이나 표정 하나하나까지 조심스러웠다. 이제는 하나님의 기름부음을 받은 주의 종이 아닌가!

얼마나 철저했던지 나는 그 후로 10년 동안 로만 칼라를 벗지 않았다. 나 자신과 다른 사람들의 머릿속에 목사 윤항기를 각인시키기 위해서였다. 속으로 '나는 목사다. 나는 목사다.' 하고 얼마나 되뇌었는지 모른다. 우울한 표정을 바꾸려고 매일 거울을 보며 웃는 연습도 했다. 예전의 내가 아닌, 새로운 존재로 되게 해 달라고, 성직자로서 손색이 없도록 속사람도 변화시켜 달라고 기도했다. 신앙적으로도 온전히 복음을 중심으로 살기 위해 애썼다. 사람들은 그런 나를 답답하다고 여길지 모르지만, 과거에 가수였던 나로서는 그렇게라도 나를 지키지 않으면 안 되었다.

그날 비행기 안에서 나는 나의 옛 자아를 결연히 떠나보냈다. 손에 든 성경책 한 권 외에는 아무것도 남아 있지 않았다. 목사가 되어 돌아온 이 땅에서 얼마나 많은 일을 겪어야 할 지 알 수 없었지만, 내겐 말씀과 소명이 있었다. 그것이 온전히 십자가를 지는 일이라는 것을 온몸으로 깨닫게 될 때가 머지않았으나, 그때만 해도 내겐 새로운 길에 대한 기대와 자신감이 충만했다. 착륙이 가까웠음을 알리는 기내방송을 들으면서 창밖을 보았다. 파란 하늘에는 흰 구름이 떠 있었다.

아내만 살려 주신다면

🎼 한국으로 돌아온 이후 나는 신학교 사역과 목회를 동시에 시작했다. 처음에는 시행착오도 있었고 예상치 못한 어려움도 참 많았다. 많은 사역자들이 은혜로 주님의 일을 감당할 수 있었노라고 담담하게 이야기하지만, 그 속에 얼마나 많은 의미들이 켜켜이 쌓여 있는지 모른다. 나 역시 지금은 웃으며 말하지만, 그때는 말할 수 없이 어렵고 힘이 들었다. 죽을 만큼 힘이 들었다고 하면 누가 믿을까.

가수 윤항기가 목사가 되었다고 하니까 여기저기서 관심을 가져 주었지만, 그것으로 끝이었다. 말씀 하나 붙들고 신학교를 시작했는데 아무도 오질 않았다. 학생도 없고, 교수도 없고, 도와주는 사람 하나 없이 벌거벗고 들판에 나앉은 기분으로 몇 년을 쩔쩔 매며 보내고 나니 나중에는 의심까지 들었다.

'하나님이 하라고 하신 일인데, 어째서 이렇게 힘이 들까. 혹시 내가 내 멋대로 생각하고 한 것은 아닐까? 아니면 하나님이 나를 버리셨나?'

1997년 겨울, 급기야는 그동안 해온 일들이 수포로 돌아가면서 모든 것을 처음부터 다시 시작해야 하는 지경이 되고 말았다. 그것은 내가 미처 생각하지 못했던 고난의 십자가였다. 그렇게 주님의 일을 하겠노라고, 주님과 동행하겠노라고 약속했건만, 어려움이 닥치자 내 믿음은 풍랑 앞의 조각배처럼 요동쳤다. 어떻게든 배를 지키고 싶었지만, 거센 파도 앞에 그것은 불가능한 일이었다.

결국 나는 신학교를 포기하기로 결심했다. 더 이상은 버틸 힘도 없었고, 방법도 없었다. 내 능력으로는 도저히 감당할 수 없는 사역이었다. 심지어 나는 신학교를 접는 것이 하나님의 뜻이라고까지 생각했다. 그런데 하나님의 응답은 전혀 엉뚱한 곳에서 왔다. 바로 아내였다.

"여보. 놀라지 말고 잘 들으세요."

아내의 얼굴은 어두웠다. 요즘 들어 부쩍 얼굴이 안 좋아서 병원에 다녀온 뒤라, 나 역시 긴장했다. 뒤이어 아내의 입에서 생각지도 못했던 청천벽력 같은 소리가 나왔다.

"나……암이래요, 식도암."

심장이 쿵 하고 떨어졌다. 이럴 수는 없다고 고개를 흔들었지만, 사실이었다. 정밀검사를 한 결과, 아내는 식도암 3기였다. 의사는 3개월 밖에 못 산다고, 수술을 한다 해도 성공할 가능성이 별로 없다고 말했다.

드러내지 못했지만 가슴이 떨려서 말을 할 수가 없었다. 왜 내게 이런 일이 일어났는가. 하나님 앞에서 순종한다고 내 나름대로 죽도록 충성했는데……왜 이런 일이 생겼는지 이해할 수 없었다. 얼마나 기가 막히던지 화도 나지 않았다.

"하나님, 이게 무슨 일입니까? 하필이면 내가 가장 사랑하는 아내에게 이런 엄청난 일이 닥친단 말입니까? 하나님, 제가 무얼 잘못했습니까?"

고요히 기도하는 가운데 20년 전의 일이 떠올랐다. 폐결핵에 걸려 죽음을 목전에 두고 있었던 그때, 나는 하나님께 매달렸었다. 목숨만 살려 주신다면 당신 뜻대로 살겠노라고, 목사가 되어 당신의 영광을 위해 살겠노라고 서원을 했었다. 그리고 이후의 내 인생은 완전히 달라졌다. 하나님은 뜻도 모르고 했던 나의 약속을 지킬 수 있도록 길을 열어 주시고 동행해 주셨다.

그런데 나는 어떠했던가. 아내의 발병 소식을 듣기 직전까지 신학교 운영을 접을 생각에 골몰하고 있지 않았던가. 그렇게 많은 체험을 하고 은혜를 받고도 나는 여전히 주님이 아니라 세상의 풍랑에 겁에 질려 도망치는 믿음 없는 종이었다.

"하나님, 잘못했습니다. 그렇게 분명하게 제게 주신 소명을 잊었습니다. 제가 다시는 당신과 한 약속을 잊지 않겠습니다. 이번 한 번만 용서해주십시오. 제 아내를 살려 주십시오!"

1998년 10월, 아내는 한양대학교 흉부외과 교수인 지행옥 박사의 집도로 수술을 받았다. 아침 7시에 아내를 수술실로 들여보내면서 나는 간절히 기도했다. 한 시간, 두 시간……예정시간을 훨씬 넘겼는데도 아내는 수술실에서 나올 줄을 몰랐다. 깍지 낀 손마디마다 땀이 흥건하게 배어 나오고 심장이 두근거려 정신을 차릴 수가 없었다. 1분 1초가 내 핏방울을 말리는 것 같았다. 그날 저녁에도 여지없이 대전의 모 교회에서 집회가 잡혀 있었다. 결국 나는 아내의 수술이 끝나는 것도 못보고 서둘러 병원을 빠져나와 대전으로 향했다.

대전으로 가는 기차 안에서 느꼈던 갈등과 불안함을 어찌 말로 표현할 수 있으랴. 이대로 아내가 떠나면 어쩌나, 아내의 임종

조차 못하게 되면 어쩌나, 하는 걱정부터 오만 가지 생각이 나를 들쑤셨다. 정말 그때는 기도조차 할 수 없었다. 그저 "살려 주십시오" 한마디밖에 나오지 않았다. 서울에 전화해 보니 저녁 7시가 넘었는데 아내는 아직도 수술실에서 나오지 못하고 있었다.

집회장소인 대전의 교회에 도착했지만, 내가 무슨 정신이 있어 말씀을 전하며 집회를 인도할 수 있겠는가. 도저히 입이 떨어지지 않아 담임목사님께 사정을 말씀드렸다.

"목사님, 죄송합니다. 제가 오늘 도저히 집회를 할 수가 없습니다. 간증도 못하겠습니다. 지금 저희 집사람이 암수술을 받고 있는 중입니다."

집회를 하겠다고 내려온 목사가 강대상 바로 앞에서 못하겠다고 하는데, 담임목사님은 놀랍게도 오히려 나를 위로해 주셨다.

"괜찮습니다, 목사님. 오늘 집회가 아니라 기도회를 해야겠습니다."

그 목사님은 바로 모인 성도들에게 우리 집사람 수술 이야기를 전하고 함께 기도하자고 청하셨다. 은혜 받겠다고 먼 길 마다않고 오셨을 텐데, 누구 하나 짜증내지 않고 한 마음으로 전심으로 중보기도를 해 주신 그분들께 오히려 내가 큰 은혜를 받았다. 그분들과 함께 기도하면서 나는 다시 20년 전으로 돌아간 듯, 새로운 감격에 불타올랐다.

하나님은 나를 이렇게 사랑하시는구나. 나를 위해 이렇게 기도하는 이들을 때마다 세워 주시는구나. 진정 나의 아버지시구나! 아내를 위한 중보기도회로 변해버린 그 집회가 거의 끝날 무

찬양 집회 모습

렵, 아들에게서 전화가 왔다.

"아버지. 어머니, 나오셨어요. 수술 잘 끝났어요!"

더 이상 말이 필요 없었다. 나는 할렐루야를 외치며 그 자리에서 고꾸라져 감사기도를 드렸다. 그날 나의 찬양과 간증을 듣고자 오셨던 그 성도들이야말로 나의 살아있는 찬양이요, 간증이 되었다.

말기 암으로 시한부 3개월을 판정받은 아내는 기적처럼 완쾌

되었고, 12년이 지난 지금까지 건강하게 지내고 있다. 그 사이 자식들을 모두 출가시켜 손자손녀까지 줄줄이 안아 보았다.

그 일을 통해 나는 다시 나의 소명을 확인하게 되었고 모든 것을 하나님이 직접 하신다는 것을 체험했다. 생명을 주관하는 하나님께서 당신께 영광을 드리는 사역을 그냥 버려두시겠는가! 당연히 책임져 주시지 않겠는가. 나는 신학교 사역을 위해 내 모든 것을 걸고 충성하기로 다짐했다.

그때 비로소 깨달았다. 그동안 신학교 사역이 그렇게 힘들었던 것은 나의 능력으로 하나님의 일을 하려 했기 때문이었다. 목사가 되어서도 나는 여전히 인간 윤항기의 유명세와 능력을 의지하고, 하나님께 온전히 나를 내어 드리지 못했다. 그래서 그것은 하나님의 일이 아니라, 내 일이 되고만 것이다.

고작 인간인 주제에 하나님 흉내를 냈으니 얼마나 힘들었겠는가. 아내의 수술을 통해 나의 신앙은 더욱 단순해지고 정직해졌다. 그리고 이제는 내 힘으로 아무것도 할 수 없음을 인정하고, 하나님께서 하시도록 나를 내려놓게 되었다.

그 후로도 어려움은 많았다. 그러나 고비마다 부어 주시는 은혜로 잘 감당할 수 있었다. 하늘 아버지는 언제나 이렇게 말씀하신다.

"아들아, 이건 내 일이다. 너는 아무 걱정 말고 너의 일을 하여라."

나는 행복합니다

🎵 사역을 시작한 지 올해로 벌써 20년이 되었다. 그동안 참으로 많은 일이 있었다. 세월이 흐른 만큼 나도 변했고 세상도 변했다. 눈을 감고 돌아보면 하나님의 은혜가 아닌 것이 없지만, 특별히 신학교를 생각하면 그 일을 한 것은 내가 아니라 주님이셨다는 것을 고백하지 않을 수 없다. 아무것도 모르는 나 같은 사람이 이 땅의 찬양 선교를 위해 음악목사를 비롯한 준비된 일꾼들을 길러낼 수 있었던 것은 전적으로 하나님의 은혜였다.

내가 총장으로 섬기고 있는 '예음음악신학교'는 한국 교회음악의 현실을 안타깝게 생각한 끝에 시작한 작은 학교였다. 예배는 기도, 찬송, 말씀으로 이루어지는데, 이 중에서 하나님께 드리는 것이 찬송이고 하나님께 받는 것이 말씀, 그리고 하나님과 대화하고 교통하는 것이 기도라고 볼 수 있다.

그런데 한국교회는 하나님께 드리는 찬송에 대한 관심이 상대적으로 낮아서, 신학교에서도 가르치지 않고 훈련하지 않는다. 나는 그 점이 늘 안타까웠다. 음악 목회를 제대로 이해하고 훈련받은 이들이 교회 현장에서 섬긴다면, 예배가 달라질 것이라고 생각했다. 왜냐하면 하나님은 우리를 찬양받으시기 위해 만드셨기 때문이다.

초교파 찬양전문 신학교를 하다 보니 소속도 없고 언덕도 없어 모든 것을 혼자 감당해야 했다. 많이 지치고 힘들었지만 그래도 얼마나 감사한지 모른다. 우리나라에서 처음으로 음악목사를 배출하는 기관을 세운 것과 우리 신학교에서 훈련받고 찬양선교를 하는 후배 목사님들을 보면서 이 사역을 허락하신 하나님께 영광을 돌린다. 부디 앞으로도 한국교회의 예배와 부흥에 도움이 되기를 기도할 뿐이다.

또 한 가지. 신실하신 하나님은 당신의 나라와 의를 구하면 그 위에 좋은 것을 더하시리라는 약속을 지켜 주셨다. 폐결핵으로 생사를 넘나들 때, 어린 자식들을 보면서 이대로 죽을 수 없다고 이를 악물었다. 가족들의 장래에 대한 염려도 있었지만, 아이들이 나를 어떤 아버지로 기억하겠나 하는 두려움 때문이었다. 그것이 얼마나 아픈 것일 줄 알고 있었기에 내 자식들만큼은 나처럼 아버지를 미워하게 만들고 싶지 않았다.

그 후로 나는 아이들을 많이 안아 주었다. 그리고 늘 기도했다. 한번 죽음의 고비를 넘어보니, 부모가 자식을 위해 해 줄 수 있는 것이 기도뿐이라는 생각이 절실히 들었다. 뒤늦게 신학을 하고 사역을 하느라 늘 바빴지만, 아내와 아이들을 위한 기도를 잊지 않았다.

하나님은 부족한 나를 대신하여 우리 아이들을 잘 키워 주셨다. 딸 넷은 각자 좋은 배필을 만나 신앙 안에서 잘 살고 있고, 내 뒤를 이어 교회음악에 헌신하고 있는 막내인 아들 준호도 결혼하여 손자를 안겨 주었다. 무엇보다 아들이 싫다 하지 않고 나와 함께 하나님의 일을 하는 것이 감사할 따름이다. 비록 한참 먼 길을 돌아와서 아버지의 자리를 찾았지만, 우리 가정은 아름답게 세워졌다.

주님은 나의 경험을 어느 한 가지도 버리지 않고 모두 당신의 그림에 짜 넣으셔서, 소외된 이들을 위한 사역도 열어 주셨다. 나는 초대 국제 기아대책기구 홍보이사를 맡아 17년째 섬기고 있다. 그것은 청계천 거지로 살던 시절, 나중에 나도 불쌍한 사람들을 돕겠노라고 하나님께 했던 약속을 지키기 위함이었지만, 그 일을 통해 오히려 내가 받은 은혜가 너무 커서 나는 늘 빚진 자다. 가끔씩 기념할 만한 날이면 자선공연을 하여 조금이나마 어려운 이들에게 보탬이 되고자 한다.

그 사이, 예기치 않은 선물도 받았다. 2007년, 우리 교단(대한예수교장로회 개혁)의 총회장에 선출된 것이다. 부족하지만 많은 분들이 도와 주셔서 신학교와 집회 활동으로 바쁜 와중에도 무사히 임기를 마칠 수 있었다.

최근에는 크리스천으로서 사회적 책임을 다하고자, 건전한 대중문화를 지향하는 운동에도 동참하고 있다. 이 모든 것들이 나의 비참하고 죄된 과거를 돌이켜볼 때 기적 같은 일이 아닐 수 없다. 주님은 당신이 정하신 때에 당신의 방식으로 나를 인도하셨다.

전국 방방곡곡, 세계 도처에 다니지 않은 곳이 없을 정도로 집회를 다니지만 아직도 나는 주님의 축복을 전하고 싶어 목이 마르다. 언젠가 어느 기자가 인터뷰 와서 내 일정표를 보고 놀란 적이 있다. 한 달 내내 딱 하루만 빼고 모두 집회가 잡혀 있었기 때문이었다. 기자가 내게 물었다.

"목사님, 한 달에 휴일이 하루뿐이십니까?"

나는 빙그레 웃었다. 그날은 휴일이 아니라 아들 준호의 결혼식이었다. 나는 쉬는 날이 없다. 건강이 허락하는 한, 하루도 빠짐없이 복음을 전하고 싶다. 지금도 불러 주는 곳만 있으면, 어디든 가서 찬양하고 간증하며 하나님의 사랑을 전하고 산다.

그런 나를 보고 사람들이 묻곤 한다. 그 좋은 가수를 왜 그만두었냐고, 왜 성직자라는 길을 택해 사서 고생을 하느냐고. 눈에 보이는 것만 생각하면 그 질문은 당연한 것이다. 나는 가수 윤항기에서 목사 윤항기가 되면서, 돈도, 인기도, 경력도, 내게 익숙했던 모든 것을 다 버렸다. 나는 어느새 늙고, 사람들에게서 잊혀지고, 예전에 비해 많이 가난해졌다. 그 뿐인가. 여전히 신학교 운영과 사역으로 몸이 열 개라도 모자랄 정도로 바쁘게 지내고 있다. 목사 윤항기가 되어 무엇을 얻었냐고 묻는다면, 눈에 보이는 것으로는 드러낼 것이 없다.

작년에 온 가족이 막내 손자의 돌을 맞아 한자리에 모였다. 슬하의 다섯 아이가 모두 짝을 이루어 손자손녀를 보았으니 우리 식구들만 해도 스물이 넘는다. 한 번 모일 때마다 그 대가족이 안부를 묻고 떠들어대니 얼마나 소란하고 신이 나는지 모른다. 게다가 딸이 넷이니 오죽 할 말이 많겠는가. 막내 손자를 품에 안고 축복의 기도를 해 주고 보니, 식구들이 정답게 이야기하며 웃음꽃을 피우고 있다.

그 축복의 식탁에는 청계천 거지였던 어린 시절의 나도 있고, 일찍 부모님을 여의고 외로움에 눈물짓던 소년 윤항기도 있다. 방황하던 젊은 날의 나도 함께 있다. 그러나 그들은 더 이상 외롭

지도 않고, 울지 않는다. 어린 아이는 추위나 굶주림이 무엇인지도 모르고 응석을 부리고 있고, 소년은 사랑하는 부모님과 눈을 맞추고 무엇인가 열심히 이야기를 하고 있다. 그리고 젊은이는 자신의 삶의 자리에서 하나님의 인도하심을 받아 성실하게 살고 있다. 그들의 환한 웃음으로 식탁은 봄볕처럼 따뜻하고 눈이 부셨다. 내가 무엇을 더 바라겠는가. 이미 나는 충분히, 아니 넘치게 받았다.

돌아보면 내가 살아온 시간들이 꿈결 같을 때가 있다. 꿈이라고 하기에는 받은 것이 너무 분명하고 놀라워 증거하지 않을 수 없어서 나는 목사가 되었다. 벌써 20년. 후회가 없냐고 묻는다면 왜 아쉬운 것이 없겠는가. 실수도 많았고, 아픔도 있었다.

하지만 하나님의 일은 하면 할수록 넘치고 풍성해지는 은혜가 있다. 그 은혜를 한번 맛본 사람은 세상에 대해 눈을 감고 귀를 막고 입을 닫게 된다. 오직 주 예수 그리스도로만 가득 차서 세상의 것들과는 다른 것을 보고 듣고 노래하게 된다. 세상은 이해하지 못하지만, 그런 자들은 복이 있다.

'노래하는 목사'로 살아온 지난 20년은 내게 더 없이 귀하고 소중하다. 주님의 사랑과 복음을 전하며 나는 정말 행복했다. 얼마나 좋았던지 한 사람이라도 더 많은 이들에게 전하고 싶어서 나는 오늘도 노래한다. 나의 간증을 통해 그들도 주님을 만나 회복되기를 바란다. 미움에 매여 스스로를 가두어 버린 그들이 무거운 수인囚人의 옷일랑 훌훌 벗어 버리고, 깃털처럼 가볍게 너울너울 춤을 추는 것을 보고 싶고, 주님과 함께 행복한 삶을 누리는

막내 손자의 돌잔치날

것을 보고 싶다.

　이 땅에서 나의 호흡이 다하는 날, 나는 흰옷 입은 그들과 함께 어깨춤을 추며 주님 앞에 나아가리라. 그 무리에는 오래 전 돌아가신 어머니도 계시고, 큰절 한 번 제대로 올리지 못했던 아버지도 계실 것이다. 그리운 이들이 저마다 손을 잡고 춤을 추며 나를 맞아 줄 것이다. 그리고 집 나간 아들을 기다리던 늙은 아비처럼, 두 팔을 벌리고 맨발로 달려 나오는 주님도 계실 것이다. 그때, 나는 주님의 품에 안겨 감사하다고, 죄송하다고, 그리고 진정 행복했다고 고백할 것이다. 내 눈물을 닦아주시는 주름진 그분의 손을 잡고 세상 모든 이들과 함께 어우러져 덩실덩실 강강술래를 출 것이다. 그때까지 나는 이 노래를 멈추지 않을 것이다. 영원히!

노래하는 **목사 윤항기**의
여러분

2010년 3월 30일 초판 1쇄 인쇄
2010년 4월 5일 초판 1쇄 발행

지은이 | 윤항기
펴낸이 | 이종춘
펴낸곳 | BM 성안당
주　소 | 경기도 파주시 교하읍 문발리 출판문화정보산업단지 536-3
전　화 | 031-955-0511
팩　스 | 031-955-0510
등　록 | 1973. 2. 1. 제13-12호
홈페이지 | www.cyber.co.kr

ISBN 978-89-315-7462-3
정가 12,000원

이 책을 만든 사람들
정리 | 이정아
편집·진행 | 이정아
디자인 | 디자인채이
홍보 | 박재언
제작 | 구본철

Copyright ⓒ 2010 by Sungandang Company All rights reserved.
First edition Printed 2010. Printed in Korea.

이 책의 어느 부분도 저작권자나 BM 성안당 발행인의 승인 문서 없이 일부 또는 전부를
사진 복사나 디스크 복사 및 기타 정보 재생 시스템을 비롯하여 현재 알려지거나 향후 발명될
어떤 전기적·기계적 또는 다른 수단을 통해 복사·재생하거나 이용할 수 없음.